Dyddiadur
Cwpan y Byd 2011

Dyddiadur
Cwpan y Byd 2011

Wyn Gruffydd

Cyflwynedig i Tomos, fy ŵyr, am lonni fy myd

Argraffiad cyntaf: 2011

© Hawlfraint Wyn Gruffydd a'r Lolfa Cyf., 2011

*Mae hawlfraint ar gynnwys y llyfr hwn ac mae'n anghyfreithlon i
lungopïo neu atgynhyrchu unrhyw ran ohono trwy unrhyw ddull
ac at unrhyw bwrpas (ar wahân i adolygu) heb gytundeb
ysgrifenedig y cyhoeddwyr ymlaen llaw*

Dymuna'r cyhoeddwyr gydnabod cymorth ariannol
Cyngor Llyfrau Cymru

Lluniau'r gêmau: Getty Images

Cynllun y clawr: Y Lolfa

Rhif Llyfr Rhyngwladol: 978 1 84771 420 6

FSC

Cyhoeddwyd, rhwymwyd ac argraffwyd yng Nghymru gan
Y Lolfa Cyf., Talybont, Ceredigion SY24 5HE
gwefan www.ylolfa.com
e-bost ylolfa@ylolfa.com
ffôn 01970 832 304
ffacs 832 782

CYNNWYS

CYFLWYNIAD

Rwy'n cyfrif fy hunan yn fachan lwcus, a rhaid bod hynny'n wir oherwydd dyna fydd pawb yn ei ddweud pan fyddan nhw'n clywed fy mod i ar fin cychwyn ar daith arall eto fyth i rywle yn y byd i sylwebu ar gêm o rygbi. A'r cwestiwn anochel nesaf fydd, 'Wyt ti angen rhywun i gario dy fagie di?'

Dw i wedi bod yn ddigon ffodus i gael dilyn teithiau timau rygbi o Gymru – boed y gêm bymtheg dyn neu'r gêm fer saith bob ochr – i bob cwr o'r byd, gan gynnwys Ewrop, De Affrica, Gogledd a De America, Awstralia, Hong Kong, Dubai, Japan, Singapore a Malaysia, a nawr, o'r diwedd, mi alla i ychwanegu Seland Newydd at y rhestr.

Gallwch ddychmygu fy ymateb pan ddaeth gwahoddiad gan gwmnïau Sunset+Vine Cymru a Sports Media Services o Benybont, a oedd ar y cyd wedi ennill yr hawl i gyflenwi S4C gyda darllediadau o naw gêm, yn cynnwys gêmau Cymru a'r rowndiau terfynol yng Nghwpan y Byd eleni. Hwn oedd fy chweched Cwpan Byd, yn ymestyn 'nôl i 1991, ond dyma fyddai fy ymweliad cynta â Seland Newydd.

Am hynny, mae fy niolch yn naturiol i awdurdodau S4C, ac i Cerith Williams, uwchgynhyrchydd Sunset+Vine Cymru, a Russell Isaac, cyfarwyddwr cwmni Sports Media Services – dau gyfaill agos ers dros ugain mlynedd. Dw i'n dweud 'cyfeillion agos' oherwydd mae hynny'n golygu ein bod ni'n nabod ein gilydd yn ddigon da i fedru osgoi cwympo mas am gyfnod o saith wythnos dan draed ein gilydd. Mae hynny'n beth amheuthun yn y byd darlledu.

Atyn nhw rhaid diolch hefyd i fy nghyd-sylwebyddion Derwyn Jones, Emyr Lewis a Gwyn Jones, oherwydd dyna ydyn nhw i fi, cyd-sylwebyddion yn hytrach nag ail leisiau, ac am wneud fy nhasg i'n hawdd, i'r cyflwynydd Gareth Roberts, Gruff Davies y cynhyrchydd cynorthwyol, y ddau ŵr camera Dai Williams a Diego Sosa, a Mark Dennis, y rheolwr cynhyrchu, eto o gwmni Sunset+Vine.

Mae fy niolch hefyd i Johnny Morris a'r teulu, ei wraig Ruth a'r merched Elin, Cary a Meg. Johnny wnaeth yr holl drefniadau llety i'r criw yn Seland Newydd a gwneud i ni deimlo'n gwbwl gartrefol yn eu cartre nhw'u hunain.

I Lefi Gruffudd a'r Lolfa y mae'r diolch am y gwahoddiad i ysgrifennu'r dyddiadur, a diolch i Alun Jones am olygu'r holl gybolfa gyda'i afiaith arferol.

Diolch i dîm rygbi Cymru am yr antur ac am gynnig gobaith i'r dyfodol, ond yn bennaf oll diolch i Gwyneth, oherwydd oni bai am ei hamynedd hi fyddai'r dyddiadur yma ddim wedi gweld golau dydd o gwbwl.

Wyn Gruffydd
Tachwedd 2011

Dydd Llun, Medi 5ed

Gan fenthyg ac aralleirio geiriau Confucius, 'Mae pob taith yn dechrau gyda'r cam cynta.' Go brin, fodd bynnag, bod Confucius wedi gorfod pacio ei gês ei hunan!

Gadael gorsaf Caerfyrddin, ac wrth i'r trên basio trwy Lanyfferi gyda Chastell Llansteffan y tu hwnt i'r dŵr dyma fi'n chwerthin eto wrth feddwl am yr e-bost a'r hyn sy'n fy nisgwyl ym mhen draw'r byd.

'Are you here yet, Welshman?'

Oedd, roedd y cellwair a'r tynnu coes wedi dechrau'n barod, a hynny ddyddiau cyn i fi roi troed ar y trên hyd yn oed, heb sôn am yr awyren a fyddai'n fy nghludo i Wlad y Cwmwl Hir Gwyn – taith o 12,000 o filltiroedd.

'We are going to beeeeeaaaaaat you!' oedd byrdwn y neges, wrth gyfeirio at y gêm rhwng Cymru a deiliaid Cwpan Rygbi'r Byd, De Affrica, yn Wellington nos Sul nesaf, sef gêm gynta Cymru yn y gystadleuaeth.

Yn fy mhen rwy'n clywed yr acen Afrikaans galed, oeraidd yn dod drwy'r datganiad yn yr e-bost, er bod yn rhaid imi gydnabod ar yr un pryd hynawsedd J J Harmse, gohebydd gyda *Rapport* yn Pretoria.

Alla i ddim llai nag atgoffa fy hunan chwaith, wrth i'r trên cwynfanllyd ymateb i ymgais y gyrrwr i brysuro fy nhaith drwy Lanelli a Thregŵyr, pa mor anodd fydd tasg Cymru am fod Samoa, Fiji a Namibia hefyd yn y grŵp sydd wedi cael ei alw yn ddramatig gan newyddiadurwyr yn y 'Group of Death'. Er gwaetha'r

gor-ddweud hwnnw, mae'n anodd dianc rhag y ffaith taw'r grŵp sy'n cynnwys Cymru yw'r grŵp anoddaf i ragweld pwy fydd yn gorffen ar ei frig o'r pedwar yng Nghwpan y Byd eleni. Yn wir, efallai y bydd yn *rhaid* i Gymru fynd trwy rhyw Lyn Cysgod Angau i gyrraedd chwarteri'r gystadleuaeth.

Mae'n amlwg bod JJ wedi cyrraedd Seland Newydd eisoes. Mae'r un mor amlwg ei fod mewn hwyliau da ac yn edrych ymlaen yn hyderus (fuodd yr Afrikaaner erioed fel arall!) at ddal gafael ar Gwpan William Webb Ellis a enillwyd gan ei Springboks yn Ffrainc yn 2007. Mae e hefyd yn gwybod sut mae mwynhau ei hunan, fel y tystiodd awr hwyrol ei e-bost!

'Cofia Dubai!' oedd fy ateb syml.

Fe wyddwn inne y byddai hynny'n dod â gwên i'w wyneb ynte. Cymru'n colli i'r Ariannin ar ddiwrnod cynta Pencampwriaeth Saith Bob Ochr y Byd yn Dubai ym mis Mawrth 2009 cyn dod 'nôl i drechu Seland Newydd, Samoa a'r Ariannin unwaith eto yn y rownd derfynol i godi Cwpan Melrose.

Fuodd yna erioed Gymro balchach na fi y diwrnod hwnnw, ac fe adewais i fy nheimladau gael y gorau arna i drwy weiddi 'YEEEEEEEESSSSSSSS!!!!!!' ar y chwiban olaf pan own i'n sylwebu ar y gêm gyda Nigel Starmer-Smith. Aeth y 'YEEEEEEEESSSSSSSSS!!!!' hwnnw rownd y byd yn grwn. Rown i wrth fy modd.

Fe gafwyd tynnu coes o gyfeiriad y sylwebyddion a'r newyddiadurwyr eraill ar y gylchdaith, ac mae hynny wedi para tan y dydd heddi. Doedd pawb, fodd bynnag, ddim mor hael a hawddgar eu gwerthfawrogiad. Dyw'r fath ewfforia gan sylwebydd gwladgarol ddim yn cael ei ganiatáu, ac mewn ailddarllediadau o'r foment fawr honno chlywch chi mo fy ebychiad gorfoleddus i gan i 'orchymyn fyned allan' o rywle i ddileu'r gair tramgwyddus. Digwyddodd hynny'n bennaf falle ar ôl i golofnydd y *Sunday Times*, mewn paragraff y bore canlynol, resynu bod y Bwrdd Rygbi Rhyngwladol wedi dod o hyd i Gymro o rywle i rannu'r sylwebaeth ar y rownd derfynol, a hwnnw wedi bod yn gwbwl amhroffesiynol pan ddylai e fod yn ddiduedd. Cododd ei eiriau ofan ar ryw 'ben bach' yn nes at yr achos yn Dubai, a mynnodd hwnnw fod fy awr fawr i'n cael ei dileu o'r archif hanes.

Ond os daw gwŷr ifanc Warren Gatland yn agos at Greal Hirgrwn Cwpan William Webb Ellis yng Ngwlad y Cwmwl Hir Gwyn, fe wna i eto ddatgan fy llawenydd i'r byd a'r betws – yn iaith y nefoedd y tro yma.

Ond cyn i fi allu meddwl am weld hynny'n digwydd mae gen i siwrnai o wyth awr ar hugain mewn awyren i ddygymod â hi, mewn sedd nad yw gyda'r gorau i fi ei chael ar awyrennau British Airways!

Dydd Mawrth, Medi 6ed

Mae rhywun yn colli pob syniad o amser ar awyren. I ble'r aeth dydd Mawrth, dw i ddim yn siŵr. Fe fydda i'n ceisio troi fy oriawr ymlaen neu'n ôl fel bo'r galw i gydredeg ag amser y wlad ar ben y daith. Mae hynny'n anodd y tro yma achos bod y siwrnai i Seland Newydd yn para dros bedair awr ar hugain. Cwsg ac effro bob yn ail yw hi ar gymal cynta'r daith i Singapore, ac mae'n ddigon tebyg i fod mewn ysbyty. 'Deffra, mae'n amser bwyd!'

Rhwng cwsg ac effro, rwy'n atgoffa fy hunan iddi fod yn wythnos brysur. Cyfres lwyddiannus arall o *Rasus* wedi dod i ben nos Fercher diwethaf, ond wrth adael Tir Prins rown i'n ymwybodol nad oedd *Rasus* yn elfen graidd ar restr gofynion S4C ar gyfer 2012. Mae hynny'n ofid oherwydd fe allai'r gyfres fod yn dathlu 20 mlynedd o'i bodolaeth y flwyddyn nesaf. Mae gen i deimladau cryfion dros ddadlau am ei pharhad ac rydw i'n benderfynol am unwaith i fynegi 'nheimladau a'u cyflwyno i S4C. Rown i wedi meddwl gwneud cyn gadael am Seland Newydd ond fe fethais oherwydd pwysau gwaith.

Y dilema i fi yw ai rhaglen chwaraeon ynte rhaglen wledig yw *Rasus*. Ac yn y fan honno rhywle mae'r ateb – os oes yna gwestiwn. Dyma gyfle i baratoi nodiadau.

Roedd deg o'r gloch y bore ar yr oriawr yn sydyn yn bump o'r gloch y prynhawn wrth i ni gyrraedd Singapore wedi deuddeg awr yn yr awyr.

Erbyn hyn rwy'n teimlo cydymdeimlad â phob iâr fatri. Rwy'n manteisio ar y cyfle yn ystod y ddwy awr o hoe yn y maes awyr i gael *massage* i'r cefn a'r ysgwyddau, a hynny'n fy mharatoi ar gyfer cymal nesa'r daith.

Dringo 'nôl i fy 'nyth' yn y Boeing 747 a setlo i lawr ar gyfer siwrnai o bron i wyth awr arall i Sydney.

Rwy'n troi'r oriawr ymlaen dair awr arall ac yn atgoffa fy hunan wrth droi tudalennau hunangofiant Clive Woodward – Syr erbyn hyn – taw yn y ddinas honno yn 2003 y cododd Lloegr Gwpan y Byd, diolch i droed dde Jonny Wilkinson yn yr amser ychwanegol.

Dydd Mercher, Medi 7fed

Glanio yn Sydney am chwech o'r gloch fore Mercher ac ymhen awr arall ry'n ni'n paratoi am yr hediad Qantas ar gyfer y siwrnai olaf o ryw deirawr ar draws 'cwter' y Môr Tasman i Auckland.

Yn y seddau yn union y tu ôl i fi mae tri Chymro, un yng nghrys rygbi ei wlad – tri a gafodd eu geni yn ystod haf sych, ddwedwn i! Roedden nhw wedi dechrau ar y cwrw yn barod, a hithe yn, wel, dwn i ddim pa awr o'r dydd oedd hi, ond o'r hyn a welwn i drwy'r ffenest roedd hyd yn oed yr haul yn rhwbio'i lygaid.

Erbyn deall roedd y tri Chymro anffodus wedi hedfan gyda chwmni awyrennau Royal Brunei hyd at Sydney. Dyma'r cyfle cynta iddyn nhw, felly, dorri eu syched gan fod alcohol wedi'i wahardd ar awyrennau Royal Brunei. Mae'r stiwardes yn eu tendio ac mae'n amlwg, yn ôl ei sgwrs, ei bod hi'n ddigon gwybodus am rygbi ac felly'n ddigon parod i herio'r tri ar obeithion Cymru yn erbyn De Affrica y Sul nesaf. Cyn i ni lanio yn Auckland dyma hi'n cwpla'r gorchmynion diogelwch a'r diolchiadau am i ni hedfan gyda Qantas gyda'r geiriau 'Go the

Auckland, Dinas yr Hwyliau

Springboks!'. 'Iechyd da i tithe hefyd' oedd y gri o'r meinciau cefn!

Daeth Gruff Davies, cynhyrchydd cynorthwyol gyda chwmni Sunset+Vine Cymru, i fy nghyfarfod yn y maes awyr a 'nghludo i'r llety. Mae Gruff yn gyfaill agos i ganolwr Cymru, Jamie Roberts, ers eu dyddiau ysgol ac mae e, fel finne, yn edrych ymlaen yn eiddgar at y daith. Bydd yn gyfle da iddo yntau hogi ei sgiliau cynhyrchu a golygu, a hynny o dan bwysau, lled debyg, fel sydd wastad yn digwydd yn y cynyrchiadau yma.

Cawn ein cipolwg cynta ar Ddinas yr Hwyliau, a does dim rhaid aros yn hir cyn deall bod cefnogwyr Tonga mewn hwyliau da. Mae criwiau ohonyn nhw mewn caffis a barrau, yn siglo i rythmau'r Ynysoedd, a hynny ddyddiau cyn gêm fawr eu tîm yn erbyn Seland Newydd. Mae yna boblogaeth dda o alltudion o Tonga, fel holl Ynysoedd Môr y De, gan gynnwys Fiji a Samoa, yn byw yn ardal De Auckland (ffrwyth ymchwil) ac fe all yr Ynyswyr ddibynnu ar gefnogaeth hael eu cydwladwyr yn eu holl gêmau. Mae dwy o'r gêmau hyn, wrth gwrs – yn erbyn Fiji a Samoa – yn sefyll rhwng Cymru a lle, gobeithio, yn rowndiau wyth olaf Cwpan y Byd.

Mae Gruff yn cadarnhau i dros 7,000 o gefnogwyr Tonga wneud y siwrnai draw i faes awyr Auckland i gyfarch eu tîm ddyddiau ynghynt, a bod siwrnai hanner awr o'r maes awyr i'w gwesty nhw wedi cymryd tair awr a hanner.

Cyrraedd yr Aarangi Motel nid nepell o lan y dŵr yn Kohimarama, ugain munud o ganol dinas Auckland. Y penbleth cynta: gwely sengl yn y stafell fyw a gwely mwy, llawer mwy, yn y stafell wely. Gyda fy nghyd-sylwebydd Derwyn Jones yn cyrraedd fory, be wna i? Ac yntau y chwaraewr talaf erioed i chwarae rygbi dros Gymru, mae e'n sefyll ddwy fodfedd yn brin o saith troedfedd. Mae e'n edrych hyd yn oed yn fwy ar wastad ei gefn, fel y cawr hwnnw o storïau Gulliver! O wneud y penderfyniad anghywir, fe fydd e'n edliw i fi am saith wythnos gyfan. Ry'n ni'n nabod 'yn gilydd yn rhy dda!

Yn naturiol, mae rhywun angen ei gwmni ei hunan. Gyda'r ewyllys gorau yn y byd, mae byw yng nghesail eich gilydd am saith wythnos, dan amodau sy'n gallu bod yn ddigon anodd, yn gallu bod yn brawf ar y cyfeillgarwch gorau ac yn gofyn am gydymdeimlad ac amynedd Job ar brydiau.

Derwyn oedd fy nghyd-sylwebydd yn ystod Cwpan y Byd yn Ffrainc yn 2007 ac ry'n ni wedi gweithio gyda'n gilydd droeon ar brif gêmau Cwpan Heineken ers hynny. Rwy'n mentro dweud ein bod ni'n dipyn o ffrindiau erbyn hyn. Sut y bydd pethau ymhen saith wythnos, pwy a ŵyr!

Dod o hyd i gaffi cyfleus gerllaw, Café on Kohi, yn edrych allan dros y môr i gyfeiriad Ynys Rangitoto, gyda'i llosgfynydd, diffrwyth bellach, sy'n un o 50 o gwmpas Auckland. Meddwl pwy, tybed, fydd yn ffrwydro yn y Cwpan Byd yma? Ond cyn i fi gael gormod o amser i bendroni…

'Beth yw'ch gobeithion chi'r Cymry?' meddai'r weinyddes yn acen ddigamsyniol Seland Newydd ar ôl iddi ddeall o ble rown i'n dod. (Bydd angen i fi gael gwersi.) Mae hi'n amlwg yn wybodus iawn am dîm Seland Newydd ac yn barod i ddadlau eu hachos. Rwy'n dechrau deall beth oedd gan Martin

Snedden, prif weithredwr cwmni Cwpan Rygbi'r Byd, ar ei feddwl pan gyhoeddodd e 'nôl yn 2009 y byddai Cwpan Rygbi'r Byd yn 2011 yn Seland Newydd yn cael ei lwyfannu mewn 'stadiwm o bedair miliwn', sef cyfeiriad at boblogaeth Seland Newydd. Roedd e'n froliant mentrus ddwy flynedd cyn y gic gynta, yn arbennig o gofio'r anawsterau a fu, yn wleidyddol ac yn ymarferol, wrth feddwl am lwyfannu'r gystadleuaeth.

Y weinyddes ar yr awyren yn gynta a nawr dyma hon hefyd yn trafod y Cwpan. Mae yna arwyddion cynnar fod holl boblogaeth Seland Newydd am sicrhau llwyddiant y Bencampwriaeth.

Dydd Iau, Medi 8fed

Rwy'n cael gwybod y newyddion diweddaraf am garfan Cymru. Mae Russell a'i griw, y ddau ddyn camera, Dai Williams a Diego Sosa, wedi cyrraedd ers wythnos ac yn darparu lluniau i wefan S4C ac i wasanaeth teledu Undeb Rygbi Cymru. Mae Gruff hefyd erbyn hyn wedi taflu ei hunan i mewn i'r gwaith.

Mae yna ddrwgdybiaeth naturiol mewn cylchoedd rygbi am unrhyw berson sy'n cario camera, a down i ddim yn eiddigeddus o dasg Dai druan, ac ynte'n byw ac yn bod (yn llythrennol) gyda'r garfan ddydd a nos. Ond er tegwch, ac o fwrw golwg ar wefan rygbi S4C, mae'r lluniau o ddigwyddiadau'r diwrnodau blaenorol yn profi nad oes sail i fy amheuon.

Ar ôl glanio yn Seland Newydd, derbyniodd carfan Cymru groeso brodorol traddodiadol y Maori y tu allan i Ganolfan Porirua (canolfan ymarfer carfan Cymru, ar gyrion y brifddinas, Wellington). Estynnwyd yr un croeso i'r holl garfanau. Y capten Sam Warburton dderbyniodd her y cyfarchiad traddodiadol i ymuno ag arweinwyr y gymuned. Mae'r rhwbio trwynau rhwng dau – yr *hongi* – yn wahoddiad symbolaidd i rannu'r un awyr o'u cwmpas fel bod yna gytgord a heddwch yn teyrnasu. Y garfan wedyn yn derbyn yr her fwyaf adnabyddus yn y byd ar feysydd rygbi, yr *haka*. Er mawr syndod i bawb, ymateb Cymru oedd canu'r gân werin 'Ar Lan y Môr'. Angen 'chydig bach mwy o sylw ar y donyddiaeth, efallai!

Dros 400 o bobol wedyn yn gwylio Cymru'n ymarfer ar gae Porirua gyda rhai yn dangos eu cefnogaeth mewn gwisg draddodiadol Gymreig. Gyda'r Cymry alltud yn eu plith ro'dd pawb yn dymuno'n dda ac yn dymuno pob llwyddiant i Gymru, i Seland Newydd hefyd yn naturiol, ac i'r gystadleuaeth yn gyffredinol. Roedd y chwaraewyr i'w gweld yn gysurus ac yn hapus i neilltuo peth amser ar gyfer llofnodion a thynnu lluniau. Mae'r hyder yn amlwg yn uchel.

Roedd arwyddion yn y gêm gynta yn erbyn Lloegr yn yr haf yn Twickenham, er y golled, fod yna ysbryd newydd yn y tîm a hynny o dan gapteniaeth Sam Warburton. Digon hawdd dweud 'Tase'r gêm wedi para am ddeg munud arall, bydden ni wedi ennill', ond fe ŵyr pawb mai dim ond am 80 munud y bydd gêm yn para. Gorffennodd Cymru'n gryf a thase'r gêm wedi para am ddeg munud arall, wel, pwy a ŵyr?

Mae tipyn o sôn wedi bod am y ddau wersyll paratoi yng Ngwlad Pŵyl a pha mor llym oedd y drefn yn y fan honno. Ro'dd yn rhaid i'r chwaraewyr ddioddef tymheredd o 130 gradd o dan y rhewbwynt i finiogi ac atgyfnerthu'r corff. Trechu Lloegr y Sadwrn canlynol yng Nghaerdydd – James Hook yn cael y cais allweddol – ac yna trechu'r Ariannin wythnos yn ddiweddarach. Fe ddown ni i sylweddoli gwir arwyddocâd ymdrech yr haf pan welwn ni ymdrechion cynnar Lloegr a'r Ariannin yn y Bencampwriaeth.

Ond does dim amheuaeth taw Cymru orffennodd y tair gêm hyn gryfaf. Fe fydd hynny o'u plaid ac yn hwb i'w hyder wrth feddwl am y gêm gorfforol gynta yn erbyn y deiliaid De Affrica yn Wellington ddydd Sul.

Rwy'n galw heibio i'r stadiwm yn y prynhawn i gael cipolwg ar garfanau Tonga a Seland Newydd yn mynd drwy eu paratoadau munud olaf.

Yna rwy'n cyfarfod â Delyth Morgan, fydd yn cyflwyno'r gêmau i S4C o'r caeau chwarae yn ystod y gystadleuaeth. Mae Delyth bellach yn byw ac yn gweithio yn Auckland, neu ar ynys hyfryd Waiheke i fod yn fanwl gywir, a do'n i heb ei gweld ers i'r ddau ohonon ni fod yn rhannu swyddfa yn y BBC yn Abertawe 'nôl yn y 90au cynnar. Caf wers bwysig ar iaith y Kiwi ganddi.

'Dim ond i ti feddwl am y llafariaid yn yr iaith Saesneg ac yna symud pob un ohonyn nhw ymlaen un ac fe ddoi di i ddeall y Kiwi mewn dim o dro!' meddai.

'Mae "a" yn mynd yn "e", "e" yn mynd yn "i" ac yn y blaen.'

Mae hynny'n help mawr, ac erbyn meddwl rown i wedi clywed Graham Henry yn sôn am ei dîm yn mynd i'r 'shid' (sied = stafelloedd newid) adeg yr egwyl!

Rihyrsal y seremoni agoriadol yn Eden Park heno. Rwy'n anelu at stafell y wasg a gweld wyneb cyfarwydd Stu Dennison, cynhyrchydd teledu gyda TVNZ tan yn ddiweddar, yn dod i 'nghyfeiriad. Fe gydweithiais gyda Stu ar y gylchdaith Saith Bob Ochr ar un adeg, ac mae'n gofyn a fydda i ar gael yn ystod y Bencampwriaeth i ddod ar raglen deledu mae e'n gweithio arni. 'Wrth gwrs hynny!'

Ymhen dim dyma sylwi ar ben moel a choesau noeth cyfarwydd Steve Jamieson yn dod tuag ata i. Mewn bron i ddegawd o gydweithio â Steve ar gylchdaith Saith Bob Ochr y Bwrdd Rygbi Rhyngwladol ym mhedwar ban byd, dw i ddim yn meddwl i fi ei weld yn gwisgo trowsus hir erioed. Mae e wastad mewn trowsus byr a sgidie rhedeg. Mae Steve yn byw yn Auckland ond mae ynte hefyd wedi gadael TVNZ yn ddiweddar wrth i'r orsaf deledu honno orfod gwneud arbedion yn sgil twf darlledu lloeren, a cholli'r hawliau i ddarlledu chwaraeon.

Mae Steve gyda'r gorau yn ei faes. Rhaid ei fod e, achos fe yw dewis cynta y Bwrdd Rygbi Rhyngwladol i gyfarwyddo'r Pencampwriaethau Saith Bob Ochr. Mae Steve yn gafael yn dynn yn fy llaw ac yn estyn gwahoddiad i swper cyn imi droi am adre i Gymru. Rwy'n gwybod pa mor emosiynol fydd y noson honno oherwydd ddwy flynedd yn ôl fe gollodd Steve a'i wraig Pru eu mab, Juke, i gansyr yn 17 oed. Fe adawodd y brofedigaeth honno ei hôl arnyn nhw ac ar Jordy eu hail fab. Fe es i'n oer pan glywais i'r hanes bryd hynny a bu mynych gyfathrebu trwy e-bost rhyngddon ni fel tîm sylwebu'r Saith Bob Ochr i geisio dal dwylo gyda Steve a Pru ar draws y môr. Diolchais iddo'n dawel am y gwahoddiad a dweud y byddwn i'n edrych ymlaen at y noson.

Mae rihyrsal y seremoni agoriadol yn gyfle i berthnasau agos a chysylltiadau pawb sy'n cymryd rhan i gael rhagflas. Mae'n gyfle i aelodau'r wasg hefyd – ond does DIM camerâu na thynnu lluniau o unrhyw fath, ac mae'r swyddogion diogelwch yn chwilota trwy bob bag llaw.

Rwy'n manteisio ar y cyfle, gan y bydda i'n sylwebu ar y seremoni nos yfory. Atgoffaf fy hunan y bydd yn rhaid chwilota am sgript y seremoni, gan gofio am Gwpan y Byd yn Awstralia yn 2003 pan dderbyniais i sgript ar y funud olaf a cheisio cyfieithu ar y pryd wrth i'r seremoni fynd yn ei blaen a hynny am ryw dri chwarter awr. Yna cafodd y seremoni ei dilyn gan gêm gyfan.

Mae'n argoeli i fod yn seremoni ardderchog, gan adlewyrchu hanes datblygiad Seland Newydd a hanes y Maori yn ganolog ynddi. Bydd yn darlunio'r modd y bu rygbi yn allweddol ganolog i ddatblygiad Seland Newydd fel gwlad gan ddangos pŵer a grym y genedl o fewn y gêm a hynny ar draws y byd. A nawr dyma'r byd yn dod i gnocio wrth ei drws unwaith eto.

Rwy'n rhyfeddu at yr olygfa; fe fydd hi'n seremoni gofiadwy gydag un o sêr rygbi mwyaf Seland Newydd yn gwneud ymddangosiad. Er mwyn cadw'r gyfrinach, mae *stand-in* yn cymryd ei le yn y rihyrsal. Ond pwy fydd y 'seren' tybed? Colin Meads? Michael Jones, sgoriwr y cais cynta yng Nghwpan y Byd? David Kirk, capten y Crysau Duon a gododd y Cwpan 'nôl ym 1987, yr unig dro i Seland Newydd ei hennill? Neu Jonah Lomu falle? Does neb yn fodlon dweud gair, ac mae'r gyfrinach wedi'i chadw cystal os nad gwell falle na honno a warchodir yng Nghymru ddechrau Awst yn y Steddfod!

Rwy'n dod o hyd i sgript – embargo ar honno – a 'nôl â fi i'r tŷ a gweithio arni rhyw ychydig cyn mynd i'r gwely.

Dydd Gwener, Medi 9fed

Seremoni agoriadol Cwpan y Byd 2011 heno a'r gêm gynta i ddilyn rhwng Seland Newydd a Tonga. Ond rhaid cadw golwg ar ddigwyddiadau yn Wellington y bore 'ma a disgwyl am gyhoeddiad Warren Gatland wrth iddo enwi ei dîm i wynebu'r pencampwyr, De Affrica, nos Sul. Mae hwnnw'n dod am 11 o'r gloch.

Mae Gatland yn amlwg yn awyddus iawn i gynnwys James Hook, ac yn absenoldeb gorfodol Stephen Jones oherwydd anaf, Rhys Priestland yw'r dewis amlwg i ddechrau yn safle'r maswr. Mae e'n chwarae gyda'r math o hyder mae hyfforddwr yn chwilio amdano, meddai Gatland. Dewis Luke Charteris yn hytrach na Bradley Davies yw'r unig ddewis dadleuol arall falle.

Mae Gatland eto'n gwbwl glir ei feddwl fod Charteris, ar ôl llanw mas yn gorfforol a chael rhediad o gêmau yn ddianaf, yn haeddu ei le. Bydd ei gêm amddiffynnol hefyd yn fonws.

Rwy'n cyrraedd Eden Park yn gynnar ar gyfer y Seremoni Agoriadol a chytuno â Delyth Morgan sut y dylen ni rannu'r sylwebaeth. Mae perygl siarad gormod, ac o'r hyn welais i neithiwr mae'r seremoni yn dweud ei stori ei hunan. Ry'n ni'n dau'n cytuno y bydda i'n mynd ati i gyflwyno esgyrn y seremoni a hithe wedyn yn ychwanegu'r cig gan ei bod hi'n gwybod mwy am ddirgelion traddodiadau'r Maori.

Mae'r cast yn cynnwys 1,000 o wirfoddolwyr o Auckland, ar draws Seland Newydd a thu hwnt ac mae'r cyfan wedi'i wau wrth ei gilydd ar gost o dros $8 miliwn o ddoleri Seland Newydd gan David Atkins. Fe oedd yr un fuodd ynghlwm wrth seremonïau agoriadol y Gêmau Olympaidd yn Sydney a Gêmau Olympaidd y Gaeaf yn Vancouver.

Heb os, uchafbwynt y seremoni yw perfformiad o'r *haka* i godi'r blew bach yna ar fy ngwegil gan grŵp Te Matarae i Orehu o Rotorua. Sentimental, ffugddagreuol, gordeimladwy ar brydiau falle (gwranda ar dy hunan, Wyn bach, er mwyn duw – fuest ti erioed yn y Steddfod!).

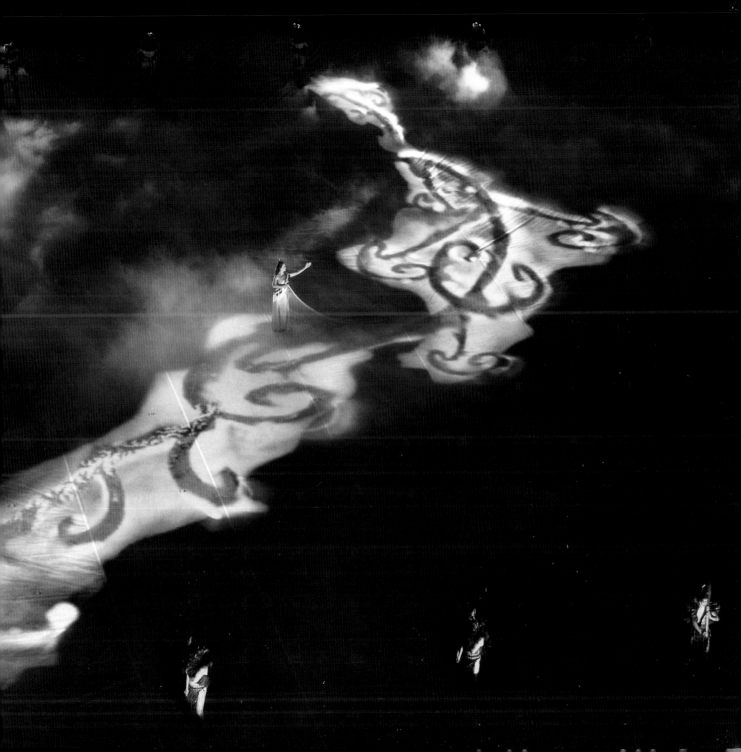

Caiff traddodiadau'r Maori a threftadaeth rygbi yn Seland Newydd eu gwau trwy ei gilydd a'r rheiny yn cael eu darlunio a'u dylunio hefyd ar sgrîn enfawr ar ffurf cylch yng nghanol y cae. Mae'r cylch hwnnw wedyn yn darparu'r fframwaith i gyfres o ddelweddau trwy gydol y seremoni, gan ein gwahodd i fynd ar daith trwy dirlun Seland Newydd i ddechrau ac yna i'r byd, wrth i'r 'stadiwm o bedair miliwn' (sef poblogaeth Seland Newydd) estyn y gwahoddiad i'r gwledydd sy'n cystadlu yng Nghwpan y Byd a thu hwnt.

Mae'r gynulleidfa yn cael ei hatgoffa o dirlun Auckland a grym llosgfynyddoedd gydag islais o drychineb Christchurch a photensial ffrwydrol y tir oddi tan y wlad. Caiff hynny ei ymgorffori yng nghrys rygbi coch a du Ethan Bai, y crwt ysgol sydd â'r dasg o'n hatgoffa o wreiddiau amatur y gêm. Mae Bai yn rhedeg hwnt ac yma, â'r bêl bron hanner maint ei gorff, gan ochrgamu, ffugbasio a gwrthsefyll heriau ffigurol cant a mwy o chwaraewyr bygythiol wrth iddo geisio cyrraedd y llinell gais.

Wedyn mae'r bachgennyn yn chwilio am help a chyngor ac yn ei gael gan gysgod du sy'n cael ei oleuo i ddatgelu'r seren rygbi Jonah Lomu, y 'Tarw Du' o dras Tongaidd. 'Gwna fe er mwyn Christchurch,' yw neges y cawr wrth i Ethan wedyn dirio'r bêl dros y lein.

Ymhen dim treiddia seiniau 'World in Union' trwy'r gwyll, a chaiff y stadiwm ei goleuo i ddatgelu hyd at fil o ddawnswyr yn siglo i gyfeiliant seindorf o ddrymiau Ynysoedd Môr y De ac ukulele, cyn amgylchynu atgynhyrchiad saith metr o Gwpan Webb Ellis.

Daw negeseuon pwrpasol wedyn gan Brif Weinidog Seland Newydd, a does dim amheuaeth lle mae ei ymlyniadau e – 'GO THE ALL BLACKS!' – gydag etholiad cyffredinol i'w gynnal yma ymhen y mis. Yn llawer mwy urddasol wedyn daw Bernard Lapasset, Cadeirydd y Bwrdd Rygbi Rhyngwladol, ac mae'n derbyn cymeradwyaeth fyddarol am ei gyfarchiad yn iaith y Maori.

O'r stadiwm i lawr hyd at lan y dŵr yn Auckland fe lenwir yr awyr â thân gwyllt i ddynodi'r ffaith ein bod ni ar fin bod yn llygad-dystion i'r bencampwriaeth fwyaf a'r orau yn hanes Cwpan y Byd.

Rwy'n cael ar ddeall yn ystod y seremoni nad oedd rhwydwaith ITV yn talu dyledus barch i'r seremoni ei hunan a'u bod yn torri 'nôl a blaen o Eden Park i sylwebydd y tu fas i westy tîm Lloegr. Trwy negeseuon i fy 'nghlust' yn ystod y darllediad, rwy'n cael ar ddeall hefyd fod nifer o wylwyr yn troi o ITV at S4C; fe aeth y gair ar led wrth i nifer o bobol drafod y peth ar rwydweithiau cymdeithasol Twitter a Facebook, a hynny yn ôl y sôn yn sicrhau cynulleidfa gref i ddarllediad cynta S4C o Gwpan y Byd.

Tîm Tonga yn perfformio'u dawns ryfel nhw, y Sipi Tau, cyn y gêm yn erbyn Seland Newydd

Seland Newydd 41–10 Tonga

Mae pawb yn dal ei anadl wrth i'r chwaraewyr wynebu ei gilydd ac wrth i'r naill dîm baratoi i dderbyn her y llall. Cafwyd un o'r cyflwyniadau mwyaf cofiadwy o'r Sipi Tau, sef dawns ryfel gwŷr Tonga, yng Nghwpan Byd yn Awstralia yn 2003. Mewn gêm rhwng y ddwy wlad yn Stadiwm Suncorp, Brisbane, aeth y Crysau Duon ati i gyflwyno'u *haka*, ond cyn iddyn nhw orffen mi fwriodd yr Ynyswyr ati i berfformio'r Sipi Tau gyda'r ddau dîm yn dod o fewn troedfeddi i'w gilydd cyn y gic gynta. Wnaeth hynny ddim helpu achos yr Ynyswyr, gan iddyn nhw golli o 91 i 7. Erbyn hyn mae'r Bwrdd Rygbi Rhyngwladol yn mynnu bod yna lain glir o 15 metr yn gwahanu'r timau sydd am berfformio'u her draddodiadol.

Heno, er na wnaethon nhw lawn argyhoeddi eu cefnogwyr, yn enwedig yn yr ail hanner, cafwyd buddugoliaeth hawdd i'r Crysau Duon, ffefrynnau nifer (dim yn newydd yn hynny) i godi Cwpan William Webb Ellis. Croesodd y tîm am chwe chais yn eu buddugoliaeth o 41 i 10 dros yr Ynyswyr, gydag Israel Dagg, Richard Kahui a Sonny Bill Williams yn creu argraff.

Gwnaf nodyn o oruchafiaeth sgrym Tonga wedi i brop y Crysau Duon, Tony Woodcock, adael y cae ac fel y bu i'w prop hwythau, Alisona Taumalolo, gyda help ei flaenwyr, groesi am gais yn yr ail hanner. Wnaeth y cais hwnnw ddim dylanwadu

Derwyn Jones a fi yn y sedd orau

ar y sgôr terfynol ond mi fydd Marc Lièvremont, hyfforddwr Ffrainc, wedi gwneud nodyn o'r gwendid ymddangosiadol hwnnw hefyd wrth iddo feddwl am gyfarfyddiad y ddwy wlad yn y gêmau grŵp, a hynny falle i benderfynu pwy fydd yn gorffen yn gynta ac yn ail yn y grŵp hwnnw.

Gwell i finne 'neud nodyn rhag ofan i Gymru gyfarfod â Seland Newydd rywbryd yn y gystadleuaeth, ond rwy'n sylweddoli nad yw hynny'n debygol o ddigwydd tan y rownd gynderfynol o leia. Rwy'n sylweddoli'n sydyn hefyd beth rydw i newydd ei awgrymu. Cymru i gyrraedd y rownd gynderfynol? Mae gan Gymro hawl i freuddwydio, ac fe ddwedais i wrth rai o'r amheuwyr, a hynny ar goedd, cyn dod allan i

Richard Kahui, seren newydd Seland Newydd

Seland Newydd fy mod i'n teimlo y gallai Cymru fynd ymhell yn y gystadleuaeth.

'Wyn, callia wnei di; mi fyddi di adre cyn y chwarteri.'

Fydd hynny ddim yn digwydd, gan fod S4C yn darlledu'r rowndiau terfynol i gyd.

Rwy'n brysio i lawr o'r pwynt sylwebu i'r stafell gyfweld o dan yr eisteddle, sy'n gallu bod yn dipyn o sw ar ôl gêm. Mae camerâu ym mhobman a phawb yn ceisio cael ei drwyn – neu ei feicroffon ta beth – i mewn o flaen y nesaf. Ond mae yna brotocol i'w ddilyn. Rhaid gwneud cais swyddogol er mwyn cael cyfweld chwaraewr neu hyfforddwr. Mae Russell wedi dod i gytundeb heno â'r cynhyrchydd teledu Stu

21

Dennison y byddwn ni'n cysgodi Sky NZ yn y gobaith o gael cyfweliadau gyda rhai o chwaraewyr Seland Newydd. Mae rheolwr y tîm hwnnw yn ofalus iawn o'i chwaraewyr ac yn cyfyngu eu cyfweliadau, ond yn y diwedd, ar ôl methu un neu ddau, rwy'n rhoi'r meicroffon o dan drwyn Dan Carter gan anwybyddu ei ofalwr, a'i gael yn siaradwr digon huawdl a hyderus.

Trof at wefan S4C cyn clwydo a darllen beth oedd gan Warren Gatland i'w ddweud wrth gyhoeddi'r tîm i wynebu De Affrica.

Dywedodd e nad oedd Cymru wedi bod ymhell y tu ôl i Dde Affrica yn y gêmau diwethaf y chwaraeon nhw yn eu herbyn. Colli o bedwar pwynt, tri phwynt a phum pwynt, ond gan sgorio saith cais yn erbyn chwech ganddyn nhw yn y tair gêm ddiwethaf. Felly does dim llawer o wahaniaeth wedi bod rhwng y ddau dîm. Rhaid i ni fynd dros y glwyd olaf, meddai, a sicrhau mai ni fydd yn ennill.

Nid am y tro cynta, dyma eiriau hyderus gan yr hyfforddwr, a'r geiriau hynny eto yn rhoi mwy o bwysau ar y chwaraewyr.

Dydd Sadwrn, Medi 10fed

Russell, Delyth, Mark Dennis, rheolwr cynhyrchu Sunset+Vine, a finne ar awyren yn gadael Auckland am Wellington am 6.30 y bore a chyrraedd prifddinas Seland Newydd o fewn yr awr. Mae Derwyn a Gruff yn gyrru i lawr yn hwyrach yn y dydd gyda'r cesys a gweddill y geriach. Mae pob ceiniog yn cyfri yn y cynhyrchiad yma!

Rwy'n deall cyn glanio hyd yn oed pam mae prifddinas Seland Newydd yn cael ei hadnabod fel Windy Wellington. Mae'r awyren yn hofran o'r naill ochr i'r llall cyn glanio fel cath ar darane ar y tarmac. Wrth ddod i mewn o'r môr roedd hyd yn oed y gwylanod i'w gweld yn cerdded!

Mae'r lleoty yn Wellington ym maestref Miramar ar lethr serth nid nepell o'r maes awyr. Teulu wedi symud allan a gosod eu tŷ ar rent dros gyfnod Cwpan y Byd mae'n debyg. Cawn nodyn ar fwrdd y gegin oddi wrth yr asiant i'n croesawu, cardiau aelodaeth wythnos i gampfa yn y dre (hmm!) 'a chofiwch adael bwyd ym mowlen y gath!' Rwy'n dewis stafell wely orau'r tŷ. Dw i'n siŵr na fydd Derwyn yn meindio!

Gweld yn y *New Zealand Herald* y bore 'ma eu bod nhw wedi codi'r stori am bwyslais darllediad ITV y noson cynt, ac yn canmol gwasanaeth sianel Gymraeg S4C am aros gyda'r seremoni agoriadol.

I ffwrdd â mi i'r *captain's run* yn Stadiwm Wellington. Yn ôl y traddodiad, sesiwn ymarfer dan arweiniad y capten yw hon, lle nad oes unrhyw fewnbwn gan yr hyfforddwr, a chyfle olaf i'r chwaraewyr baratoi eu hunain. Stadiwm y Westpac yw Stadiwm Ranbarthol Wellington fel rheol ond dros gyfnod y Cwpan Byd, Stadiwm Wellington fydd hi gan fod y Bwrdd Rygbi Rhyngwladol yn mynnu stadia glân – hynny yw, heb unrhyw awgrym o nawdd ac eithrio hwnnw sy'n berthnasol i Gwpan y Byd.

Dyw'r *captain's run* ddim mor bwysig ag y bu i sylwebydd gyda chymaint o luniau ar y we a chymaint o gêmau o bob cyfandir erbyn hyn ar deledu daearol a lloeren nes ein bod ni'n gyfarwydd iawn â'r chwaraewyr. Does dim llawer o flynyddoedd, serch hynny, ers pan own i'n gyson yn mynd i sesiynau munud olaf er mwyn cael gwybod yn union pwy fyddai'n gwisgo rhifau 11 a 14, 12 a 13, 4 a 5 neu 6 a 7. Y rheswm am hynny oedd na fyddai'r chwaraewr bob amser yn ymddangos ar y cae gyda rhif ar ei gefn oedd yn cyfateb i'r rhif yn y rhaglen. Cofio fan hyn hefyd am un neu ddau o chwaraewyr tîm Samoa mewn cystadleuaeth Saith Bob Ochr yn Singapore yn newid eu crysau rhwng gêmau, neu'n ymddangos heb yr helmed roedden nhw'n ei gwisgo mewn gêm flaenorol, neu'n ei diosg yn ystod yr egwyl, a hynny'n unig er mwyn ein drysu ni'r sylwebwyr.

Mae'n help hefyd bod y caeau chwarae yn llawer sychach nag y buon nhw, ac yn dal mewn cyflwr da ar bob tywydd, gyda gwell safon o lifoleuadau i fedru adnabod chwaraewyr mewn glaw a niwl a mwd.

Caf yr olwg gynta ar garfan Cymru ar gyfer y gêm yn erbyn De Affrica a sylwi'n syth bod Stephen Jones yn ymarfer ar ei ben ei hun gydag un o'r staff meddygol, yn ymestyn ac yn ystwytho wrth redeg i fyny ac i lawr grisiau'r eisteddle. Mae Warren Gatland wedi mentro cynnwys Stephen, Gethin Jenkins a Ryan

Jones yn y garfan i deithio i Seland Newydd yn y gobaith y byddan nhw'n medru cymryd rhan lawn yng Nghwpan y Byd ymhen wythnos neu ddwy.

Rwy'n sylwi ar wyneb cyfarwydd Prif Weinidog Cymru, Carwyn Jones, yn sgwrsio â Delyth Morgan. Erbyn deall roedd Delyth a Carwyn yn gyfoedion wedi'u magu yn yr un stryd ym Mhenybont. Mae'r ddau'n gysurus iawn yng nghwmni ei gilydd felly, a thipyn o waith cyfnewid hanesion gyda nhw i'w wneud. Mae'r Prif Weinidog yn Seland Newydd i ddangos ei gefnogaeth i'r tîm. Fe wyddwn ei fod yn gefnogwr brwd achos roeddwn i wedi bod yn ei gwmni yn yr unig sefydliad a ddangosodd gêm Cymru ar y Ramblas yn Barcelona rai blynyddoedd ynghynt, adeg gŵyl fwyd a diod ryngwladol, gyda Blas ar Gymru, corff hyrwyddo'r Llywodraeth, yn arddangos yno. Gan fod Cymru'n chwarae'r penwythnos hwnnw rhaid oedd dod o hyd i rywle fuasai'n dangos y gêm ar y teledu, ac fe'i cefais yn gwmni diddan ac yn barod i sefyll ei dir mewn dadl ynghylch rhagoriaethau a gwendidau ein tîm cenedlaethol ar y pryd.

Rwy'n cael gair sydyn gyda Robin McBryde, hyfforddwr blaenwyr Cymru, ac mae yntau'n cadarnhau'r hyn roeddwn i wedi'i ddarllen ar wefan Undeb Rygbi Cymru:

'Mae'r disgwyl wedi bod yn hir, er bod yr wythnos gynta 'ma wedi mynd yn sydyn iawn. Mae cynnwrf ymysg y chwaraewyr hynny sy'n cael gwisgo'r crys am y tro cynta yng Nghwpan y Byd ac mae 'na deimlad da yn y garfan. Gan mai hon yw'r gêm gynta, mae hi'n gêm fawr – enfawr, a dweud y gwir. Bydd hi'n dipyn o ornest.

'Mae hi'n bwysig ein bod ni'n dechrau'n dda… Mae'r pwysau sy arnon ni'n amlwg, achos bod pobol yn disgwyl rhyw sbarc, rhywbeth i sbarduno'r tîm. Mae'r grŵp yn un eitha caled a ni ydi'r grŵp mwya corfforol pan 'dach chi'n edrych ar y grwpiau eraill. Ond 'dan ni'n gweld bod dechrau yn erbyn De Affrica yn rhywbeth positif, maen nhw'n dîm proffesiynol iawn.

''Dan ni'n ffyddiog – 'dan ni'n gorfod bod. Does yna ddim esgusodion gan ein bod ni wedi paratoi yn ddigon trylwyr. 'Dan ni wedi cael digon o amser ar gyfer y gêm gynta, wedi astudio chwarae De Affrica ac wedi medru canolbwyntio ar beth 'dan ni'n gallu'i reoli, a sut i ymateb i'r frwydr nos yfory.'

Dydd Sul, Medi 11eg

Roedd proffwydi'r tywydd yn agos ati – gwynt a glaw sy'n aros y timau. Mae Wellington yn ddinas sy'n cael ei chydnabod gyda'r mwyaf gwyntog yn y byd, a'r gwynt hwnnw'n chwipio i mewn o gyfeiriad yr Antarctig ar draws y Cook Strait. Mi alle hynny ffafrio De Affrica tase hi'n dod yn frwydr rhwng y cicwyr, gan fod Morné Steyn, maswr y Boks, yn giciwr cywir iawn.

Allai Cymru ddim cael gêm anoddach i agor eu hymgyrch yn y Bencampwriaeth. O golli hon bydd yn rhaid ennill pob gêm sy'n weddill yn erbyn Samoa, Namibia a Fiji er mwyn gallu symud ymlaen i rownd yr wyth olaf. Os collwn ni un o'r rheiny, bydd y Cymry, mwy na thebyg, yn dychwelyd adre'n gynnar unwaith eto, fel yn 2007. Yna bydd y proffwydi gwae yn galw am ben Gatland ac yntau eisoes wedi arwyddo cytundeb yn ei glymu wrth ei waith fel hyfforddwr Undeb Rygbi Cymru tan ar ôl Cwpan y Byd 2015. Da iawn fe!

Ry'n ni'n cyrraedd y Cake Tin yn gynnar ac mae'r glaw'n disgyn eisoes. Caiff Stadiwm Wellington ei galw'n Cake Tin am resymau amlwg, gan ei bod yn stadiwm hirgrwn ac, o'r awyr, neu o ben yr adeiladau tal gerllaw, mae'n edrych yn union fel tun pobi cacen. Yno ar lan y dŵr yn Wellington, mae'n gartre i'r gêm griced hefyd.

Y person cynta i mi ei weld yn stafell y wasg yw JJ. 'Where have you been? We have been expecting you, Welshman,' meddai, a'r wên ddireidus, gellweirus yna'n lledu ar draws ei wep. Ond cyn iddo gael cyfle i ddweud yr un gair arall, dyma fi'n sibrwd yn dawel yn ei glust, 'Be afraid, JJ, be very afraid!'

Oes gen i reswm dros gredu y gall Cymru godi braw ar bencampwyr y byd? Atgoffaf fy hunan unwaith eto o'r addewid a ddangoswyd yn ystod mis Awst yn y buddugoliaethau dros Loegr a'r Ariannin yng Nghaerdydd, a hyd yn oed yn y golled yn Twickenham. At hynny, doedd y Springboks ddim wedi cael y paratoadau gorau ar gyfer amddiffyn eu coron. Roedd yr hyfforddwr Peter de Villiers wedi dewis teithio i'r gêmau bant o gartre yn erbyn Seland Newydd ac

Awstralia heb ei sêr disgleiriaf ac wedi talu'r pris. Wedyn, a chyda'r sêr yn eu holau, fe gollodd y Boks y gêm gartre yn erbyn Awstralia yn Durban cyn i bum gôl gosb a gôl adlam Morné Steyn sicrhau buddugoliaeth o 18 i 5 dros y Crysau Duon yn Port Elizabeth.

Rwy'n meddwl eto am eiriau Robin McBryde ddoe: 'Mi fydd hi'n frwydr heb os.' Does dim disgwyl i bencampwyr y byd redeg y bêl o bobman, ta beth am chwarae rygbi cyffrous. Mae un olwg ar y fainc yn dweud hynny, â Peter de Villiers wedi dewis rheng flaen gyfan yn y saith wrth gefn. Mi fydd Div a'r Boks yn ddigon hapus i ennill y gêm hon yn hyll o ystyried eu hanes diweddar, a gall James Hook ddisgwyl gweld tipyn o'r bêl yn disgyn o uchelderau'r awyr, a'r glaw yn ei lygaid yn ogystal.

Cymru 16–17 De Affrica

Roedd De Affrica ar y blaen o 7 i 3 pan ddyfarnwyd cic gosb i Gymru gan y dyfarnwr Wayne Barnes. Fe wnaeth James Hook ei bwrw'n lân, ac roedd yn hyderus bod y bêl wedi crafu y tu mewn i'r postyn de. Ond aros yn eu hunfan wnaeth llumanau'r dyfarnwyr cynorthwyol, y Gwyddel George Clancy a'r Kiwi Vinny Munro.

Roedd Hook i'w weld ar y sgrin fawr yn datgan ei syndod, yn pledio'i achos gyda'r dyfarnwr ac yn gofyn iddo fe gyfeirio'r mater at y swyddog teledu. Nid am y tro cynta yn ystod y penwythnos yma, roedd yna grafu pen dros lwybr y bêl. O'r lle rown i'n eistedd, rown i'n meddwl bod y bêl wedi pwdu ar yr eiliad olaf ac wedi gwyro y tu fas i'r postyn pellaf, ond roedd Derwyn yn meddwl fel arall. Doedd y lluniau teledu, wrth edrych ar yr ailchwarae a'r rheiny wedi eu harafu, fawr o help i fodloni 'run ohonon ni.

Roedd hi'n edrych yn go dywyll ar Gymru pan hyrddiodd Frans Steyn ei hunan dros y lein yn y gornel yn y munudau agoriadol ond fe ddaethon nhw'n ôl nid yn unig i gystadlu ond i ennill y brwydrau corfforol yn ardal y dacl erbyn y diwedd.

Tase'r pyst yn uwch, wel, pwy a ŵyr, ac er cystal yr ymdrech ddaeth â chais i Toby Faletau ac a roes y fantais i Gymru, mae'r Springboks yn gwybod sut i ennill gêmau tyn. Roedd gyda nhw ddigon o brofiad mewn gêmau mawr i sicrhau cais i'r eilydd Francois Hougaard, a hwnnw'n un o'r ychydig gyfleon, os nad yr unig gyfle gawson nhw yn y chwarter olaf.

Diffyg profiad ar y llwyfan uchaf un oedd yn gyfrifol am fethiant Rhys Priestland yn ei gynnig am gôl adlam yn hwyr yn y gêm. Roedd ymgais James Hook â chic gosb i mewn i'r gwynt o fewn munudau i'r chwiban olaf yr un mor llydan; dwy gic a allasai fod wedi sicrhau yr ail fuddugoliaeth i Gymru dros y Springboks mewn canrif a mwy.

Cafwyd cyfraniadau allweddol gan Rhys Priestland, serch hynny, yn ogystal â chan Toby Faletau, Sam Warburton, Dan Lydiate a Jamie Roberts. Gêm ore'r penwythnos heb os.

Cais cynta Toby Faletau dros Gymru

Wedi'r gêm ces gyfle i holi rhai o chwaraewyr y ddau dîm a chael capten Cymru, Sam Warburton, a ddyfarnwyd yn seren y gêm, yn ŵr ifanc aeddfed a hynaws.

'It's always the case with us up against these big teams… We were really close, but unfortunately a couple of kicks went wide, and that's the difference at this level.'

Rhys Priestland: 'Ni'n grŵp mor agos, ry'n ni'n dal yn siomedig ein bod ni wedi colli. Ma angen i ni ganolbwyntio ar y tair gêm nesa, achos mae'n rhaid i ni ennill y rheiny nawr.'

Y gic!

Francois Hougaard yn croesi am y cais buddugol

Shane Williams: 'Wedi dechre'n ddigon araf, ar ôl eu cais nhw fe ddechreuon ni chwarae rygbi.'

Kobus Wiese (cyn-glo'r Springboks): 'I think South Africa will think that they got lucky in that game, but their experience shone through. But the Welsh team I think are going to upset a few teams as they go along.

This was a very close game, and could have gone either way. I think the way the young players played was very encouraging for the Welsh.'

Tendai Mtawarira (prop De Affrica): 'I wasn't surprised by how the Welsh played – we were hoping that they'd come out to play, and they did.'

Sam Warburton, seren y gêm

Schalk Burger (blaenasgellwr De Affrica): 'It was a tough game. All credit to Wales… they definitely backed up their talk with a great performance.'

Mae Warren Gatland yn y gynhadledd i'r wasg yn gresynu na chyfeiriwyd y gic ddadleuol at y swyddog teledu ac yn cydnabod i Frans Steyn, cefnwr De Affrica, gadarnhau ar yr egwyl ei fod e'n gwbwl grediniol bod y bêl wedi crafu y tu mewn i'r postyn pellaf.

Dau ffrind – Keith Quinn a fi yn edrych ymlaen at Gwpan y Byd

'Nôl yn stafell y wasg mae fy hen ffrind Keith Quinn, sylwebydd rygbi mwyaf profiadol ac adnabyddus Seland Newydd, yn gofyn pam mae cyn lleied o Jonesiaid yng ngharfan Cymru eleni.

'Roedd yna bump yn 2007, a phump hefyd yn 2003.'

Does dim diwedd ar y tynnu coes rhyngddon ni. Ac yntau'n amlwg yn gweld golwg anghrediniol ar fy ngwep i, dyma fe'n gofyn wedyn

'Wyt ti'n gwybod sawl Jones sydd wedi cynrychioli Cymru dros y blynyddoedd?'

'Na wn i.'

'82,' medde fe.

'Anghywir,' meddwn i. '83 sy'n gywir!'

Ei dro fe oedd hi i edrych yn syn erbyn hyn, a finne'n gwybod iddo fod yn pori trwy dudalennau blwyddlyfr y Bwrdd Rygbi Rhyngwladol.

'83,' meddwn i eto, 'oherwydd Jones yw cyfenw'r asgellwr Arthur Emyr mewn gwirionedd, er nad yw'r "beibl" aruchel hwnnw yr wyt ti'n ei barchu cymaint yn nodi hynny.'

'OK. But my favourite is Pussy Jones, a centre who played two tests against Ireland and England in 1898.'

Rown i'n bwrw mewn iddo fe erbyn hyn:

'Was his father a Tom by any chance?'

Fe gwympodd y geiniog rhyw bum munud yn ddiweddarach wrth i ni gerdded allan i'r nos.

'Verrrrrry good, Wyn-o!'

Dydd Llun, Medi 12fed

Wayne Barnes dan y lach yn Seland Newydd (eto) heddi. Ond a yw hi'n iawn i gyfeirio'r feirniadaeth ato fe, gan mai'r dyfarnwyr cynorthwyol fethodd a gweld yn dda i ganiatáu'r gôl gosb yn dilyn ymdrech James Hook at y pyst neithiwr? Eu cyfrifoldeb nhw yw penderfynu a aeth y gic rhwng y pyst ai peidio.

Mae rhai, gan gynnwys Gatland, yn awgrymu y dylai Barnes fod wedi gofyn i'r Swyddog Teledu (TMO) am gadarnhad. Ond pa sicrwydd fyddai yna fod hwnnw hyd yn oed yn gwneud y penderfyniad cywir?

Mae deddfau'r Bwrdd Rygbi Rhyngwladol yn dweud bod yn rhaid i'r bêl fynd y tu mewn i'r pyst pan fo'r bêl yn uwch na'r pyst i'r gôl gosb gael ei chaniatáu. Yn hynny o beth, roedd penderfyniad Barnes yn iawn.

Ond o edrych ar y lluniau eto, doedd y dyfarnwyr cynorthwyol, Clancy na Munro, ddim lle dylsen nhw fod ar yr eiliad dyngedfennol. Roedd y ddau yn edrych fel eu bod nhw wedi dechrau symud yn ôl i gyfeiriad eu hystlys briodol pan wyrodd y bêl yn ôl i mewn ar yr eiliad olaf.

Ond dyw hynny'n gwneud dim gwahaniaeth erbyn hyn, ac mae Barnes wastad yn darged hawdd yn Seland Newydd.

Rwy'n anghofio am y gêm neithiwr a chael y cyfle cynta i ymlacio wedi wythnos wirion o deithio a gweithio. Fel yna mae hi'n digwydd weithiau. Ymlacio ddwedes i? Roedd Derwyn wedi dod o hyd i'r cardiau aelodaeth rhad ac am ddim i'r gampfa ac

am wneud defnydd llawn ohonyn nhw! Roedd Russell a'r criw wedi gadael yn gynnar ar y siwrnai chwe awr i Hamilton, lleoliad y gêm rhwng Cymru a Samoa ddydd Sul. Mae carfan Cymru eisoes wedi gadael yn blygeiniol – mewn awyren.

Mae'n gas gen i drafod arian a chytundebau, a weithiau rhaid cnoi tafod a phwyso a mesur y cyfle yn erbyn yr enillion, ond does neb am fod ar ei golled chwaith. Rwy'n gweld cyfle i wneud y pwynt nad oedd y lwfansau dyddiol mor hael ag y gallen nhw fod, ac mae'n wir on'd yw hi fod un llun gyfwerth â mil o eiriau. Roedd y demtasiwn yn ormod i Gardi o dras!

Mae rhai Cymry'n fwy ffodus. Ry'n ni'n cyfarfod â dau ddyn o Fethesda mewn caffi ar Courtenay Place, y ddau wedi teithio i Seland Newydd y llynedd i gefnogi tîm Cymru a chyfarfod dau Kiwi mewn bar. 'Dowch

Yr awdur – y cynta yn y ciw bwyd, fel arfer!

'nôl flwyddyn nesa,' medde un ohonyn nhw, 'ar gyfer Cwpan y Byd, ac fe gewch chi dŷ a char yn rhad ac am ddim yn ystod eich arhosiad.' A dyma nhw.

Gyferbyn â Courtenay Place mae tafarn Gymreig y Welsh Dragon, cyrchfan boblogaidd i Gymry alltud a phob Cymro oddi cartre. Gan 'mod i wedi clywed cymaint am y lle dyma anelu ar draws y ffordd a'i gael rhwng dwy lôn yng nghanol y ddinas, a dysgu taw cyfleusterau cyhoeddus oedd y lle mewn oes o'r blaen. Mae'n debyg taw fan hyn y byddai'r arhosiad 'cyfleus' i'r bobol ar y bysiau tram, a hynny sy'n esbonio'r gwahoddiad 'Come in for a leek'.

Rwy'n agor y drws a phwy sydd yno'n bwrw i mewn i fasned o gawl ond y Prif Weinidog, Carwyn Jones. Rhaid ei fod e ar yr un lwfansau â finne! Mae e'n edrych yn fwy cysurus, fodd bynnag, na'i osgordd o weision sifil, gan fod y rheiny falle yn fwy cyfarwydd â chinio amgenach na'r cawl cartre a weiniwyd gan y tafarnwyr, Mike a Joanna Howard. Chaech chi ddim gwell na chawl Cymreig ar fore digon oer, a diflas hefyd i Gymro, yn Wellington.

Mae'r muriau wedi'u haddurno â baneri'r Ddraig Goch gyda negeseuon pwrpasol ar bob un, a lluniau wedi'u harwyddo gan enwogion y gêm a chantorion a alwodd heibio yn eu tro. Mae un ystafell gron wedyn yn dal dwn i ddim faint o grysau pêl-droed a rygbi gwahanol glybiau yng Nghymru ar reilen uchel o'n cwmpas, a Mike yn gwybod union leoliad pob crys. Dyw'r cwrw ddim yn ffôl chwaith!

Rwy'n darllen gwefan S4C wedyn a chael bod Robin McBryde yn bwrw golwg 'nôl ar gêm y noson cynt:

'Mae'r teimlad yn gymysgedd a dweud y gwir – y ffaith i ni ddod mor agos at gael y fuddugoliaeth, a'r siom ein bod ni wedi methu gwneud hynny. Ond mae'n rhaid i ni edrych ymlaen, a bod yn hyderus. Cychwynnon nhw'n eitha cryf, ond rhaid cofio i ni gychwyn yn eitha tila hefyd – o'n i'n disgwyl y bydden nhw'n rhedeg yn gryf, ond y siom oedd iddyn nhw dorri drwy'r llinell amddiffynnol a sgorio'r ddau gais 'na. Er mor gryf oedd ein hamddiffyn ni am gyfnodau hir yn ystod y gêm, dau gyfle gaethon nhw ac fe gymeron nhw'r ddau.

''Dan ni wedi chwarae yn erbyn un o dimau mwyaf y byd, a dyna maen nhw'n wneud – cymryd cyfleoedd pan maen nhw yno yn eu haros nhw.

'Mae 'na wersi i'w dysgu, a 'dan ni'n gwybod hynny: diffyg cywirdeb, angen bod yn fwy hunanfeddiannol. Nid De Affrica a'i henillodd hi, ni a'i collodd hi. Roedden ni'n agos iawn, a tasen ni'n chwarae i'r safon yna bob wythnos dw i'n meddwl y basen ni'n gweld y tîm yn gwella'n aruthrol… Dyna'r unig bryd 'dach chi'n dysgu gwersi – pan 'dach chi'n colli yn erbyn timau gorau'r byd.'

Dydd Mawrth, Medi 13eg

Ry'n ni'n ffarwelio â Wellington dros dro, ond nid cyn i'r ddinas f'atgoffa o'r hyn sydd ganddi i'w gynnig i'r teithiwr llwythog. Mewn cyfnod o ddeng munud fe ddisgynnodd y tymheredd ddeg gradd a dyma gawod o gesair gyda'r fwyaf melltigedig i mi gael fy nal ynddi erioed. Fe daranodd i lawr ar Derwyn a finne wrth i ni gario'r cesys i fyny'r grisiau serth o'r llety ar y bryn i'r ffordd fawr fesul llwyth.

Dyma ni felly yn gadael Wellington yn y glaw y tu ôl i ni a theithio ar hyd y brif ffordd tua'r gogledd a chael cyfle i weld ychydig o gefn gwlad Seland Newydd. Doedden ni ddim wedi mynd ymhell o'r brifddinas cyn i ni ddechrau gweld buches ar ôl buches o wartheg llaeth, cannoedd ar y tro mewn caeau hwnt ac yma, a dim sôn am barlwr godro yn unman. Gwartheg du a gwyn, a chanran dda o wartheg Jersey a Guernsey hefyd yn eu plith.

Bryniau pigfain fel y madarch hynny a ddarlunnir mewn llyfrau plant, a dolydd, a thref ar ôl tref lle ceir un stryd o adeiladau unllawr yn atgoffa rhywun weithiau o ffilm gowbois. Rhyngddyn nhw, ambell i heddwas ifanc piwis, fel lleidr pen ffordd, yn mynnu ein bod yn cadw at y cyfyngiad cyflymdra o 100km yr awr!

Mae'r siwrnai chwe awr yn troi'n wyth awr oherwydd y tywydd a swper yn Taupo. Cyrraedd Cambridge yn hwyr y nos; roedd 'Sally Ann' y *sat nav* hyd yn oed wedi blino gan iddi ein harwain ar gyfeiliorn ar gyrion Cambridge. Ond ry'n ni'n cyrraedd Devon Lodge i groeso cynnes gan Paul a Rowena.

Wrth fwrw golwg 'nôl ar gêmau'r wythnos gynta, fe fuodd yna dipyn i'w edmygu yn chwarae'r gwledydd llai, y rhai sy'n cael eu hadnabod yn aml fel y 'sildod' neu, yn Saesneg, 'the minnows'. Gyda'r byd yn gwylio fe gafodd sawl sildyn ei awr fawr o dan y llifoleuadau.

Dyna ymdrech Tonga yn yr ail hanner yn erbyn y Crysau Duon a ddaeth â chais i Alisona Taumalolo. A Japan yn erbyn Ffrainc wedyn: Japan o fewn pedwar pwynt a'r sgôr yn 21–25 o fewn chwarter awr i'r chwiban olaf. Sgoriodd Namibia geisiau hyfryd yn erbyn Fiji ac, fel arfer, roedd chwarae'r Unol Daleithiau yn ddi-ildio yn erbyn Iwerddon. At hynny, fe allai Rwmania hefyd fod wedi trechu'r Alban.

Serch hynny, ym mhob un o'r gêmau hyn, roedd un cip ar y sgorfwrdd ar ddiwedd y gêm yn ddigon i gadarnhau, er cystal yr ymdrech, taw'r ci mawr sy'n mynd â'r asgwrn bob tro.

Dydd Mercher, Medi 14eg

Mae digwyddiadau'r penwythnos yn dal i gorddi hyfforddwr amddiffyn Cymru, Shaun Edwards, yn amlwg. Yn ei golofn yn y *Guardian* mae Edwards yn anelu ei lid at Vinny Munro, y dyfarnwr cynorthwyol oedd yn union o dan y postyn de pan anelodd James Hook y gôl gosb na chafodd ei chaniatáu yn Wellington nos Sul. Roedd Edwards yn siŵr o fod yn gwybod y câi e gydymdeimlad gan gefnogwyr yn Seland Newydd wrth awgrymu beth fyddai wedi digwydd tase Seland Newydd, Awstralia neu Dde Affrica wedi dioddef yn y fath fodd. Roedd hi'n help hefyd taw Wayne Barnes oedd y dyfarnwr, gan iddo gythruddo pob Kiwi yn 2007 wrth ddyfarnu'r gêm rhwng Seland Newydd a Ffrainc yng Nghaerdydd yn chwarteri Cwpan y Byd. Aeth Seland Newydd allan o'r Cwpan wedi i Barnes fethu â sylwi bod pas yn symudiad Ffrainc ymlaen, a bod hynny wedi arwain at gais.

Mae pobol Seland Newydd yn dal i edliw i Barnes, a syndod i Derwyn a finne oedd clywed gwraig yn Cambridge heddi'n dweud yn ddigon plaen – yn iaith y stryd gefn – i Barnes wneud nos Sul i Gymru yr hyn wnaeth e i Seland Newydd yn 2007.

'Fe wnaeth y Bwrdd Rygbi Rhyngwladol ymddiheuro bryd hynny,' yn ôl Edwards, 'a gwahoddwyd Barnes i Seland Newydd i adeiladu pontydd a mendio ambell i ffens.' Mae Edwards am wahodd Munro i Gymru i egluro sut y gallodd e fod mor glir ei feddwl ar noson niwlog yn Wellington, a hynny bellach yn golygu na all Cymru fforddio colli'r un gêm arall o hyn tan ddiwedd y gêmau grŵp.

Daw Derwyn o hyd i gampfa arall, a dyma dalu aelodaeth mis, gan y bydd hynny'n rhatach na thalu fesul diwrnod am y cyfnod y byddwn ni yn Cambridge. Wedi bod i'r gampfa cawn frecwast ar ôl i ni ddod o hyd i gaffi hwylus ar y brif stryd. Mae'r perchennog yn falch i ni alw i mewn gan fod y ferch sydd gyda hi'n coginio'r bwyd yn siŵr fod y talaf ohonon ni'n dau wedi chwarae i Gymru rywbryd. Welais i erioed y fath frecwast am y pris, *eggs Benedict*, bacwn (gydag *extra bacon* i un ohonon ni), sudd oren a choffi – ac

fe gafodd y ferch hithe ei llun gyda Mr Jones. Oedd, roedd hi wedi'i nabod.

A dyna'r syndod rhyfeddaf, sef bod pawb am siarad â ni, y ddau ddyn dieithr. Does dim tatŵ o ddraig ar ein talcenni, na chap, na sgarff i ddangos ein teyrngarwch i'n gwlad. Eto yn y caffi, mae hen wreigen yn dymuno gwell lwc yn erbyn Samoa, ond yn cydnabod na fydd yr Ynyswyr yn hawdd eu trechu. Yn y siop sbectols wedyn (mae rhai sylwebwyr yn llawdrwm iawn ar sbectols), dyma'r ddwy wraig yn y fan honno yn sôn am y cam gafodd Cymru nos Sul; felly hefyd yn y siop bapurau ac yn y siop lyfrau, a'r wraig y tu ôl i'r cownter yn y fan honno'n gweld ei bod hi'n drueni i'r ddwy gic arall fethu.

Welais i mo hynny yn Awstralia na De Affrica, ac yn 'y myw y gallwn i weld hynny'n digwydd ar strydoedd Caerfyrddin neu Aberystwyth.

Rwy'n cael ar ddeall gan Paul heno fod galw mawr a marchnad dda i wartheg godro o Seland Newydd yn Thailand a taw gorffwys cyn y siwrnai hir ar longau cludo pwrpasol o harbwr Wellington oedd y gwartheg a welais i ar fy siwrnai tua'r gogledd ddoe.

Dydd Iau, Medi 15fed

Gwelaf hysbyseb deledu ar Sky NZ ar gyfer Cwpan y Byd, ac rwy'n cymeradwyo a chwerthin wrth i honno daro tant. Mae cyn-faswr y Crysau Duon, Grant Fox, sydd bellach yn sylwebydd teledu, allan ar faes chwarae yn wynebu carfan o chwaraewyr, nifer ohonyn nhw o Ynysoedd Môr y De, gyda *sergeant major* yn arthio arno fe wrth i'r chwaraewyr redeg yn fygythiol tuag ato, un ar ôl y llall. Y gamp i Fox yw adnabod ac ynganu enw pob chwaraewr yn unigol yn gywir cyn i'r horwth hwnnw ei daclo'n swp i'r llawr os yw'n methu. Mae Fox yn rhoi cynnig da a chywir ar y ddau gynta ac felly'n osgoi'r dacl, ond yna wrth iddo straffaglu gyda'r trydydd enw mae e'n cael ei sathru dan draed.

Y llun nesaf gawn ni o Fox yw ohono fe'n eistedd yn y gwely mewn ysbyty gyda dau lygad du, dant neu ddau ar goll, rhwymyn am ei ben a'i fraich mewn sling ond yn llwyddo erbyn hynny i ynganu cyfenw'r chwaraewr hwnnw achosodd boen iddo'n berffaith. Hiwmor du falle, ond mae'n taro tant gen i gan 'mod i, fel y gŵyr fy nghyd-sylwebwyr, yn beirniadu'n hallt iawn y sylwebwyr hynny nad ydyn nhw'n trafferthu dysgu sut i ynganu enwau chwaraewyr yn gywir.

Cafodd carfan Cymru groeso tywysogaidd yn nhref Taupo ar lan y llyn a grëwyd pan ffrwydrodd llosgfynydd cyfagos ganrifoedd yn ôl. Dywed yr haneswyr fod y golau yn yr awyr i'w weld cyn belled â China. Yn union fel y gwelson ni yn Wellington, mae cannoedd yn tyrru i weld y garfan yn ymarfer; rhai Cymry alltud yn eu plith, yn ogystal â Chymry ar daith.

Mae yma ddigon o weithgareddau awyr agored i fodloni'r chwaraewyr. Wythnos nesaf falle bydd cyfle i Derwyn a finne…

Dydd Gwener, Medi 16eg

Mae Gatland yn cyhoeddi ei dîm i wynebu Samoa. Am y tro cynta mewn Cwpan Byd, mae hyfforddwr ar Gymru wedi medru enwi'r un tîm am yr ail gêm o'r bron, a hynny hefyd am y tro cynta mewn gêmau prawf, gan gynnwys Pencampwriaeth y Chwe Gwlad, ers y gêm yn erbyn yr Alban yn 2006.

Ar y fainc, Tavis Knoyle. Nid fe yw'r unig chwaraewr mae'n debyg i bacio dwy esgid chwith yn ei fag wrth baratoi ar gyfer Cwpan y Byd. Mae yna stori heddi am Martín Scelzo, prop yr Ariannin, yn pacio un pâr o sgidie'n unig. Roedd yr Archentwr yn meddwl bod gydag e bâr wrth gyrraedd Seland Newydd, ond pan ddaeth e i'w gwisgo yn y sesiwn ymarfer gynta ar ôl glanio fe sylweddolodd e taw dwy esgid troed chwith oedd gydag e. Doedd dim posib dod o hyd i sgidie maint 17 yn Seland Newydd ond, diolch i'r drefen, llwyddwyd i ddod o hyd i gefnogwr a ddaeth â dwy esgid dde mewn pryd i alluogi Scelzo i ddechrau'r gêm yn erbyn Lloegr.

Rwy'n gweld tanceri llaeth yn pasio'r Devon Lodge yn gyson bob awr o'r dydd a'r nos, a phob un yn tynnu treler. Mae ffatri fawr Fonterra nid nepell i lawr y ffordd ac mae Paul yn cadarnhau bod y cwmni llaeth yn berchen, neu'n rhentu, tipyn o dir amaethyddol o gwmpas y ffatri. Mae hynny'n fodd iddyn nhw waredu cyfran helaeth o'r gwastraff hylifol a ddaw o'r ffatri a dim ond bryd hynny – gyda'r gwynt wedi troi – rwy'n sylweddoli nad dŵr sy'n cael ei chwistrellu drwy'r system irigeiddio ddau led cae i ffwrdd.

Teithio i mewn i Hamilton heno i wylio'r gêm rhwng Seland Newydd a Japan a chael blas ar yr awyrgylch yn Stadiwm Waikato, cartre tîm y Chiefs yn y Super 15. Y ddau dîm yn sefyll am funud o dawelwch cyn y gêm i goffáu'r rhai hynny a gollodd eu bywydau yn nhrychinebau Christchurch a Fukushima yn gynharach yn y flwyddyn. Mae'r weithred honno, yn ddiffuant yn ei symlrwydd, yn ein

hatgoffa bod yna bethau pwysicach na rygbi yn yr hen fyd yma.

Er ymdrechion glew y Japaneaid, a fydd yn rym yn y gêm rhyw ddydd pan allan nhw ymdopi â chorfforoldeb gwrthwynebwyr megis Seland Newydd, dim ond un tîm oedd ynddi. Y Crysau Duon yn ennill o 83 i 7 a'r canolwr Ma'a Nonu yn seren y gêm. Doedd dim o'i angen yng Nghwpan y Byd yn Ffrainc yn 2007 a bu bron iddo droi at gêm y Gynghrair, ond gyda Conrad Smith yn bartner iddo mae nhw gyda, os nad y, bartneriaeth ganol cae mwyaf creadigol-ddinistriol yn y gêm. Ac yn anffodus i Japan, roedden nhw ar eu gorau heno. Smith gafodd y cais cynta, a Nonu yr unfed ar ddeg o dri chais ar ddeg y tîm. Richard Kahui a Sonny Bill Williams yn cael dau yr un, y ddau yn ganolwyr ond, gyda Smith a Nonu yn teyrnasu, bodloni ar gyfleoedd ar yr esgyll fydd raid.

Ond fel gyda'r gêm yn erbyn Tonga wythnos yn ôl, roedd yna ddiffygion yng ngêm y Duon, a Graham Henry yn cydnabod bod yna rai agweddau y bydd rhaid talu sylw iddyn nhw'r wythnos nesaf cyn y byddan nhw'n wynebu'r Ffrancwyr.

Dydd Sadwrn, Medi 17eg

Iwerddon yn trechu Awstralia o 16 i 6 yn Eden Park yn Auckland, a'r canlyniad yn troi'r gystadleuaeth ar ei phen. Rhaid i Gymru ennill gweddill eu gêmau 'run fath, gan ddechrau â gêm letchwith fory yn erbyn Samoa. Byddan nhw'n sylweddoli nawr, os llwyddan nhw i orffen yn ail yn y grŵp y tu ôl i Dde Affrica, taw Iwerddon fydd yn eu haros nhw yn rownd yr wyth olaf, ac efalle y bydd hynny'n cynnig llwybr haws i'r rownd gynderfynol na phe baen nhw'n ennill y grŵp.

Fe lwyddodd y Gwyddelod i rwystro'r Awstraliaid rhag cael pêl lân a llwyddo i ddal y chwaraewr i fyny yn y dacl, a thrwy wneud hynny roedden nhw'n cael bwydo'r sgrym oedd yn dilyn. Fe fydd Gatland wedi gwneud nodyn o hynny ac yn cofio iddyn nhw wneud hynny ym Mhencampwriaeth y Chwe Gwlad hefyd. Mae canlyniad Iwerddon yn golygu nawr y gall pedair o wledydd y Chwe Gwlad, sef Lloegr, Ffrainc (o dderbyn taw colli wnân nhw yn erbyn y Crysau Duon yn eu gêm grŵp nhw), Cymru (gobeithio) ac Iwerddon, i gyd herio'i gilydd yn y chwarteri, gan adael i wledydd hemisffer y De frwydro am yr hawl i fynd i'r rowndiau olaf.

Pe bai Cymru yn curo Iwerddon yn y chwarteri, yna bydden nhw'n cyfarfod Lloegr neu Ffrainc yn y rownd gynderfynol. Ond os yw Seland Newydd am godi Cwpan William Webb Ellis am y tro cynta er 1987 yna fe fydd yn rhaid iddyn nhw drechu Awstralia neu Dde Affrica ar eu ffordd i'r rownd derfynol. Bydd hynny'n dasg anodd, yn ôl tystiolaeth eu dwy gêm gynta yn y gystadleuaeth, ac fel yn 2007 mae gêm heriol i ddod ganddyn nhw yn erbyn y Ffrancwyr.

Mae mantais gan Gymru gan eu bod wedi cael wythnos lawn i ddod dros y gêm yn erbyn De Affrica ac i baratoi ar gyfer chwarae yn erbyn Samoa fory. Dyw'r Ynyswyr, ar y llaw arall, heb fod mor ffodus, ac mae hwnnw'n asgwrn cynnen gan y gwledydd llai. Mae annhegwch yn bodoli'n ddiddadl gan fod Samoa yn gorfod cwblhau eu gêmau grŵp mewn cyfnod o un diwrnod ar bymtheg, a Chymru ar y llaw arall yn cael un diwrnod ar hugain i gwblhau eu hamserlen nhw. Dyw Samoa ddim yn un o'r gwledydd hynny sy'n dod ag arian i goffrau'r Bwrdd Rygbi Rhyngwladol fel gwledydd y prif ddetholion, sy'n dod ag arian teledu masnachol yn eu sgil.

Mae Rob Howley, hyfforddwr olwyr Cymru, yn hyderus fod Cymru yma i aros yn y gystadleuaeth, a bod mwy o bwysau ar y chwaraewyr oherwydd y gystadleuaeth am safleoedd o fewn y garfan na'r pwysau a ddaw o'r tu fas.

'Bydden i'n hoffi meddwl y gwnawn ni wella eto, yn enwedig gydag ychydig bach mwy o ddyddiau i baratoi,' medde fe.

Roedd gŵr ifanc yn y gampfa yn Hamilton heddi'n codi sgwrs a sôn fel yr oedd e wedi edmygu chwarae wythwr Cymru, Toby Faletau, yn erbyn De Affrica. 'Buodd e'n byw yma yn Hamilton am gyfnod pan oedd yn grwt; mae ei ewythr a'i fodryb yn byw yma o hyd, ac mi fyddan nhw yn y gêm fory,' yn ôl y gŵr ifanc. (Rhaid gwneud nodyn o hynny ar gyfer y sylwebaeth.)

Un o dras gwlad Tonga yw Faletau, ond fe fydd miloedd o Samoaid yn Hamilton fory, gan taw Samoa yw ail hoff dîm cefnogwyr Seland Newydd. Mi all hi fod yn brynhawn anodd i'r Cymry ifanc.

'Ie, ond dyna i chi ail dîm!' meddai Derwyn. 'Mae Samoa yn dîm gwych sydd wedi gwella tipyn dros y blynyddoedd diwetha, a chyda'u buddugoliaeth yn erbyn Awstralia yn ddiweddar, bydd y Cymry'n poeni'n fawr am y gêm 'ma.

'Mae chwaraewyr Samoa yn manteisio ar y wasg yma, ac yn canmol eu hunain, yn enwedig ar ôl y gêmau mawr yna yn '91 a '99 pan drechon nhw Gymru yn y gystadleuaeth. Rhaid i ni gymryd hyder o'n gêm ni yn erbyn De Affrica, a dylen ni gredu yn ein gallu ni ein hunain i allu eu trechu.'

Dydd Sul, Medi 18fed

Cymru 17–10 Samoa

Y cwestiwn mawr heddi yw a all Cymru ffrwyno chwaraewyr cyhyrog a bygythiol Samoa, a'r anferth Alesana Tuilagi gyda'r mwya ohonyn nhw mas ar yr asgell. Mae llawer wedi'i ddweud yn y wasg yn ystod yr wythnos am ddiffyg hyder y Cymry, achos tasen nhw wedi dangos 'chydig mwy o hyder mi allen nhw fod wedi trechu De Affrica – dyna yw'r farn gyffredinol ymysg y newyddiadurwyr.

Dyna'r cwestiwn rown i'n ei ofyn i fi fy hunan wrth deithio tua Stadiwm Waikato yn Hamilton. Mae Samoa yn dîm a roes drafferthion i Gymru yn y gorffennol, a ta beth am y chwaraewyr, mae yna rai ohonon ni yn y blwch sylwebu'n cofio'n iawn am ddigwyddiadau 1991 a 1999 pan drechwyd Cymru yng Nghaerdydd yng nghystadleuaeth Cwpan y Byd.

Roedd 'na dri chais i'r anferthol Tuilagi ym muddugoliaeth Samoa o 49 i 12 yn erbyn Namibia nos Fercher, ac er mwyn ceisio codi braw ar y Cymry falle, dyma hyfforddwyr blaenwyr yr Ynyswyr yn tanlinellu'r ffaith bod yna gamgymeriad yn llawlyfr Cwpan y Byd 'leni wrth sôn am Tuilagi yn pwyso 110kg. Doedd e ddim yn ffit pan drechodd

Cer o'r ffordd!

Bron â'i ddal

Diolch Shane

Samoa Awstralia yn yr haf pan oedd e'n pwyso 126kg medde fe; mae e nawr dipyn yn fwy ystwyth ac yn gysurus yn pwyso 121kg. Rwy'n siŵr y bydd Shane yn falch o glywed hynny! Yng nghanol y cae wedyn mae Seilala Mapusua yn cael ei gydnabod gyda'r canolwr tu mewn gorau yn y gêm am amddiffyn, ac mae'n rhedwr cadarn i mewn i'r dacl hefyd.

Ond eto i gyd, o'r eiliad y derbyniodd George North y bêl ar y dde yn gynnar yn y gêm, a defnyddio Mapusua fel clwtyn llawr, roedd hi'n edrych yn addawol iawn. A chyn i Mapusua ddod ato'i hunan yn iawn aeth Jamie Roberts drwyddo fe fel injan ddyrnu. O'r eiliad honno fe wyddwn i na fydde Cymru'n colli'r frwydr gorfforol.

Ac er i'r Ynyswyr fod ar y blaen o 10 i 6 ar yr egwyl, a'r dyfarnwr Alain Rolland wedi gwrthod cais arall i Maurie Fa'asavalu, methiant fu eu hymgais i ychwanegu at gais hanner cynta Anthony Perenise yn yr ail hanner.

Dyma Leigh Halfpenny yn dod ymlaen ar yr egwyl yn lle James Hook ac yn gweddnewid y gêm. Gan dderbyn y bêl yn ei hanner ei hunan, ac ar ôl osgoi tacl uchel a dwy dacl arall, dyma fe'n sythu ei helmed 'nôl oddi ar ei lygaid cyn gweld yn ddigon clir i gael ei bas i Jonathan Davies, ac er i hwnnw fethu dod o hyd i Scott Williams, roedd yna Williams arall, Shane, wrth law i groesi.

41

Fe wellodd pethau ar yr Ynyswyr pan symudodd Kahn Fotuali'i o safle'r mewnwr i safle'r maswr yn hwyr yn y gêm, ond yn rhy hwyr i achub ei dîm. Bydd Fotuali'i yn gwisgo crys y Gweilch wedi Cwpan y Byd a heb os mi fydd e'n gaffaeliad gan ei fod e'n medru chwarae yn safle'r mewnwr a'r maswr.

Fe gadwodd Cymru eu pennau gan drechu Samoa o 17 i 10, a'u perfformiad yn yr ail hanner yn dangos rhuddin a chymeriad – ie, a hyder hefyd. Ond ar ba gost sgwn i? Fe gollwyd James Hook a Dan Lydiate gydag anafiadau. Hook yn gadael gydag anaf i'w ysgwydd ar yr egwyl, ond nid cyn iddo drosi dwy gôl gosb bwysig. Ond yr anaf cynnar i bigwrn Dan Lydiate sy'n edrych fwyaf difrifol. Alun Wyn Jones ddyfarnwyd yn seren y gêm, ond mewn gwirionedd roedd 'na nifer a ddisgleiriodd, ta beth am serennu. Gas gen i'r gair hwnnw. A feddyliais i erioed y clywn i fy hunan yn dweud bod chwaraewyr Cymru yn fwy corfforol na chwaraewyr Samoa.

Sylw craff gan Derwyn: 'Roedd y gêm yna'n werth miliwn o bunnoedd i Gatland.'

Os yw ei gytundeb newydd gydag Undeb Rygbi Cymru yn £250,000 y flwyddyn a hwnnw wedi'i ymestyn tan 2015, yna mae'i fathemateg e'n agos ati. Tase Cymru wedi colli'r gêm yna go brin yr aen nhw drwodd drwy ennill dwy gêm yn unig yn y grŵp. Does 'na'r un tîm yn hanes y gystadleuaeth wedi cyrraedd y rowndiau terfynol drwy ennill dwy gêm grŵp yn unig.

Alun Wyn Jones, seren y gêm

Eto, hen gêm od yw hon, ac mae unrhyw beth yn bosib.

O ran Gatland ei hunan wedyn: 'Ddeuddeg mis yn ôl gallai Cymru yn hawdd iawn fod wedi colli'r gêm yma,' meddai.

Dydd Llun, Medi 19eg

Roedd papurau Seland Newydd y bore 'ma'n datgan y gallai Cymru yn hawdd iawn fod wedi llithro mas o'r gystadleuaeth ddoe tasen nhw wedi colli'r gêm yn erbyn Samoa.

Mae Derwyn yn cadarnhau bod y canlyniad yn rhyddhad gan fod cymaint o bwysau ar y tîm ac ar yr hyfforddwr. 'Ac o'n i'n teimlo'r pwyse fy hunan fel sylwebydd. Ro'n i'n moyn i'r bois ennill gymaint, a dyna wnaethon nhw. Oedd e'n rygbi gwefreiddiol ac yn fath o rygbi bydde pawb eisiau mynd mas i'w weld bob wythnos.'

Theimlais i ddim ar unrhyw adeg yn ystod y gêm fod Cymru yn mynd i golli yn erbyn Samoa, er y gallen nhw'n hawdd fod wedi gwneud hynny. Rown i'n teimlo ar brydiau yn yr hanner cynta yn benodol iddyn nhw geisio chwarae gormod o rygbi yn eu hanner eu hunain. Ac mae Derwyn yn cyfaddef bod gydag e hefyd ei bryderon cyn y gêm.

'A bod yn onest, o'n i'n becso cyn y gêm y bydden ni'n colli. Fe gafodd y bechgyn wythnos dawel ar ôl chwarae De Affrica, a falle fod hynny wedi effeithio arnyn nhw yn yr hanner cynta. Ond roedden nhw'n benderfynol o ennill erbyn yr ail hanner. A daeth lot o bethe positif allan o'r gêm, fel chwarae Leigh Halfpenny – gath e ail hanner gwych. Ac ma Gethin Jenkins yn gawr, wrth gystadlu am y bêl ar y llawr, ac wrth daclo – cafodd e un neu ddwy *hit* enfawr yn yr ail hanner.

'Ond y darlun sy 'da fi o'r gêm yw Jamie Roberts yn bwrw Seilala Mapusua ar ei ben ôl. Roedd hi'n symbolaidd iawn fod Jamie wedi 'i fwrw fe ar 'i hyd.'

Mewn cynhadledd i'r wasg, mae Shaun Edwards yn cydnabod falle fod Cymru wedi ceisio chwarae gormod o rygbi yn yr hanner cynta yn erbyn Samoa ac y dylen nhw fod wedi cicio mwy am safle yn y cyfnod hwnnw.

Daw cadarnhad hefyd fod James Hook a Dan Lydiate wedi mynd i'r ysbyty am brofion meddygol, ac na wneir penderfyniad am eu rhan yn y gystadleuaeth hyd nes y ceir sicrwydd ynghylch eu cyflwr. Ond os bydd Cymru'n cyrraedd y chwarteri, fel sy'n debygol, mi allwn ni fod heb ddau o'n chwaraewyr mwya dylanwadol. Mae'r damcaniaethu yn dechrau ynghylch a fydd yn rhaid galw am eilydd o gartre i gymryd lle Dan Lydiate.

Roedd Edwards hefyd yn hapus iawn dros Leigh Halfpenny, sydd wedi cael mwy na'i siâr o anafiadau dros y ddwy flynedd diwethaf.

Daw newyddion da heddi hefyd am Stephen Jones, sy'n holliach eto ar ôl anafu ei goes wrth ystwytho, yn llythrennol felly, cyn y gêm baratoi yn erbyn Lloegr yn Twickenham fis Awst. Mae Jones wedi ennill cant o gapie, a dim ond un cap arall sydd arno ei angen i basio Gareth Thomas o ran nifer ei gapie tros Gymru. Mae honno'n record ryfeddol o gofio'i gêm gynta pan ddaeth e ar y cae yn eilydd yn y goten o 96 i 13 yn Pretoria ym 1998. Tair blynedd ar ddeg ar y brig, a dyma'i bedwerydd Cwpan y Byd, heb sôn am ddwy daith gyda'r Llewod – gyrfa a gêmau y gall fod yn falch iawn ohonyn nhw.

Newyddion da hefyd yw bod Ryan Jones yn agos iawn at ddod yn ffit ac y gallai gymryd lle Lydiate ar y flaenasgell. Bu tîm meddygol Cymru'n gweithio'n galed i sicrhau bod gambl Warren Gatland i ddod â fe a Stephen Jones allan i Seland Newydd yn dwyn ffrwyth. Yn yr un modd, daeth Gethin Jenkins drwy ddeunaw munud yn erbyn Samoa heb unrhyw effaith andwyol gyda'i sgrymio a'i daclo arferol yn amlwg, yn ei ymddangosiad cynta ar gae rygbi ers Ionawr yr 8fed eleni.

Dydd Mawrth, Medi 20fed

Mae dynion y papurau newydd yn ddyfeisgar iawn pan ddaw hi i geisio denu darllenwyr. Maen nhw'n gorfod bod, gyda chymaint o gystadleuaeth gan wefannau a rhwydweithiau cymdeithasol eraill am ddarllenwyr erbyn hyn.

Dyw newyddiadurwyr y *New Zealand Herald* ddim yn eithriad yn hynny o beth, a heddi roedd gen i ddiddordeb mewn gweld sawl Cymro oedd wedi'i gynnwys yn eu dewis nhw o dîm yr wythnos. Rwy

'chydig bach yn siomedig o weld taw Jamie Roberts yw'r unig un sy'n haeddu lle yn y tîm dethol. Dim syndod bod cynifer â phum Gwyddel yn y tîm, a'r rheiny i gyd yn flaenwyr, gan fod y pump wedi gosod y seiliau ar gyfer buddugoliaeth nodedig Iwerddon dros Awstralia: Cian Healy, Rory Best, Paul O'Connell, Stephen Ferris a Sean O'Brien. Ond rown i wedi disgwyl gweld enw Sam Warburton ymhlith y goreuon, mae'n rhaid i fi ddweud, oherwydd fe roddodd e berfformiad arbennig iawn yn erbyn Samoa. Ond mae Cymru yn cael ei chynrychioli wedi iddyn nhw sgorio cais mwya arwyddocaol y penwythnos yn ôl yr *Herald*, sef hwnnw gan Shane Williams yn erbyn Samoa. Falle fod yna gyfiawnder wedi'r cyfan.

Rwy'n derbyn gwahoddiad gan y cynhyrchydd teledu Stu Dennison i ymddangos ar sioe Martin Devlin yn Auckland wythnos i nos Wener, fel y soniodd e toc wedi imi gyrraedd Seland Newydd. Sioe siarad hwyliog, medde Stu, fydd sioe Devlin, yn para am awr, a'r gynta o nifer yn edrych ar obeithion y timau yng Nghwpan y Byd. Finne'n sôn y bydd Emyr Lewis wedi cyrraedd erbyn hynny, a'r gwahoddiad felly yn ei gynnwys ynte hefyd.

Dydd Mercher, Medi 21ain

Rwy'n canfod bwrdd hysbysebu mawr trawiadol cwmni AgriSea ac arno ddelwedd sy'n cyfuno bron popeth a wyddwn i am Seland Newydd cyn cyrraedd yma, sef ei rygbi a'r diwydiant llaeth. A nawr ar ochr y ffordd, ac mewn un enghraifft ysgubol o greadigrwydd a marchnata, dyma ddarlun pwerus o chwaraewyr ar ffurf hanner-dyn, hanner-tarw mewn rhes fygythiol yn perfformio'r *haka*. Y geiriad ar y poster yw 'Rise Up', ac mae'n amlwg yn tynnu ar hen chwedl Roegaidd y Minotaur, gan gynnal y ddelwedd o'r plethiad hwnnw o rygbi ac amaethyddiaeth y mae Seland Newydd yn ei gyfleu i'r byd. Mae'r poster hefyd yn portreadu popeth mae'r gêm ac ennill Cwpan y Byd yn benodol yn ei olygu i drigolion y wlad sy wedi diodde cymaint eleni yn sgil daeargryn Christchurch a thrychineb glofa Pike River.

Mae'r digwyddiadau hynny yn rhoi'r ddadl dros degwch i'r gwledydd llai mewn perspectif. Ac mae'r ddadl honno'n poethi wrth i Eliota Fuimaono-Sapolu ganfod ei hunan mewn dyfroedd dyfnion am alw'r Bwrdd Rygbi Rhyngwladol yn 'bennau bach' (wel, falle nid yr union eiriau, ond roedd y cynta ohonyn nhw'n

air Eingl-Sacsonaidd oedd yn dechrau gydag 'f'!). 'Rhowch yr un faint o ddiwrnodau rhwng y gêmau i Samoa â Chymru,' meddai canolwr Caerloyw a Samoa ar Twitter. 'Mae'r Bwrdd Rhyngwladol yn anghyfiawn; 7 diwrnod i Gymru, 3 i Samoa. Triniaeth annheg, fel caethwasiaeth, fel yr Holocost, fel apartheid.'

Yr Holocost? Go brin. Nawr dyma fachan sydd wedi astudio ac wedi'i gymhwyso i ymarfer y Gyfraith! Fe ddaw holl bwysau'r gyfraith i lawr ar ei ben cyn pen dim ddwedwn i.

Mae cymuned leol Hamilton, fodd bynnag, yn llawer mwy teimladwy ac mae ganddynt gydymdeimlad mawr â chefnogwyr sy'n wynebu costau lety uchel gan eu bod wedi'u codi'n afresymol o ganlyniad i ddyfodiad Cwpan y Byd. Oherwydd hyn mae'r gymuned wedi agor eu drysau i'r cefnogwyr yn llythrennol, gan wneud iddyn nhw deimlo'n gartrefol. I Trudy Gatland, gwraig Warren Gatland, y mae'r diolch am hynny. Hi sydd wrth wraidd y cynllun, er mwyn i'r cefnogwyr ddeall beth yw croeso cynnes y Kiwi go iawn.

'Cododd prisiau'r gwestai i'r entrychion,' meddai, 'ac nid dyna fydden ni am i'r cefnogwyr ei gofio am y daith wrth iddyn nhw gyrraedd adre – eu bod nhw wedi cael eu blingo'n ariannol. Mae'r cynnig a gawsai ei roi yn wreiddiol i deuluoedd y timau wedi chwyddo'n ymgyrch enfawr. Mae pobol eithriadol o hael yn cynnig lle i aros am ddim i gefnogwyr bellach ac mae rhai wedi gadael iddyn nhw aros yn eu tai haf.'

Dydd Iau, Medi 22ain

Diwrnod llai egnïol i garfan Cymru wrth iddyn nhw fynd ati i ymarfer eto'n dilyn y fuddugoliaeth dros Samoa nos Sul, a gwneud hynny yn nhref Waitomo, sy'n enwog am ei hogofâu tanddaearol. Daw'r enw'i hunan o iaith y Maori, ac mae'n awgrymu beth y gall rhywun ei ddisgwyl yno, sef *wai* (dŵr) a *tomo* (twll). Mae yna dyllau sy'n disgyn i ogofâu calchfaen a ffrydiau tanddaearol yn britho cefn gwlad yn ardal Waitomo, ac erbyn hyn mae'r ogofâu yn un o brif atyniadau Ynys y Gogledd.

Fe fu'r ogofâu ynghyd â'u stalagmidau a'u stalactidau arferol yn atyniadau ers degawdau bellach. Ond rhaid plymio ymhellach i'r ogofâu ar gwch i ddod o hyd i'r prif atyniad. Wrth i'r llygaid gyfarwyddo â'r tywyllwch, fe welir Llwybr Llaethog o oleuadau bychain o'ch cwmpas; dyma'r pryfed tân (*glow worms*) sy'n goleuo düwch yr ogofâu. Ac yn nhrefn pethau yn Seland Newydd, fe ychwanegwyd mwy o atyniadau ymylol, gan gynnwys rafftio dŵr du neu mynd i mewn i diwb teiar neu abseilio. Na, dyw'r Kiwis byth yn colli cyfleoedd i ddenu twristiaid.

Ond heddi, y prif atyniad yn Waitomo oedd tîm rygbi Cymru, gan eu bod nhw wedi disgleirio fel pryfed tân ac wedi dal diddordeb y bobol yng Nghwpan y Byd. Ac fe ddaeth poblogaeth gyfan tref Waitomo i'r cae rygbi lleol i'w cyfarfod. Yr hyn sy'n gwneud yr ymweliadau hyn yn holl bwysig yw bod cymunedau'r Maori yn croesawu'r chwaraewyr drwy gân, a bod y Cymry'n ymateb gyda'u caneuon hwythau. 'Calon Lân' oedd hi heddi.

Mae Jamie Roberts yn cydnabod y bydd y gêm yn erbyn Namibia yn gyfle i'r chwaraewyr falle nad ydyn nhw wedi gwisgo'r crys hyd yn hyn.

'Bydd y gêm yn gyfle i ni chwarae rhai o'r chwaraewyr sydd heb gael cyfle eto i brofi eu hunain ar y cae yn y ddwy gêm gynta, ac i ddangos gwir ddyfnder y garfan.'

Un o'r chwaraewyr hynny fydd yn gobeithio am yr alwad yn erbyn Namibia yw'r mewnwr Lloyd Williams, ac er bod yna bum niwrnod cyn y gêm yn New Plymouth, mae'r cyfarwyddyd yn glir i bawb:

'Bydd hi'n bwysig i ni ganolbwyntio ar ennill y gêm, ac yna, fel mae'r gêm yn datblygu, mynd ymlaen i ennill y pwynt bonws.'

Meddwl am ennill ei gap cynta dros ei wlad mae'r bachwr Ken Owens o Gaerfyrddin, sydd hyd yma heb gamu o'r cae ymarfer, ond sydd wedi bod yn cyfrannu at sylwebaethau Gareth Charles ar Radio Cymru yn y blwch sylwebu.

'Mae hi'n gallu bod yn anodd, cael dau ddiwrnod bant ar ôl gêm ac yna mynd yn syth 'nôl i ymarfer. Mae'n bwysig iawn ymlacio, ond mae'r ffocws wedi bod yn dda iawn drwy'r twrnament. Mae Namibia wedi chwarae'n dda iawn yn y gêmau diwetha, ond wedi cael llai o amser i orffwyso. Ond mae'n rhaid i ni chwarae yn eu herbyn nhw fel pe baem ni'n chwarae yn erbyn De Affrica neu Samoa,' meddai Ken Owens.

Yn y cyfamser mae Derwyn, Mark, Dennis a finne'n manteisio ar letygarwch pobol Taupo ac yn derbyn gwahoddiad i fynd allan ar afon Waikato mewn cwch jet. Ond roedd yna wers ddaearyddiaeth hefyd. Mae'r dŵr yn gynnes mewn mannau, gyda system o argaeau a ffynhonnau *geothermal* yn cyfuno i ddarparu gwres a thrydan i drigolion a busnesau'r ardal. Un ffordd o ddeall y wers yn iawn oedd treulio rhyw hanner awr yn y baddonau *geothermal* yn y dre cyn troi'n ôl am Cambridge, lle'r oedd Derwyn wedi trefnu bod rhai o'r

Chwarae plant! Jaws ac Oddjob ar drywydd Bond!

chwaraewyr mae e'n eu cynrychioli yn dod i swper yn un o dai bwyta'r dre. Hwnnw oedd yr unig dŷ bwyta oedd ar agor mewn gwirionedd – ar wahân i siop 'fush and chups' neu ddwy.

Cawn awr neu ddwy ddifyr iawn yng nghwmni Sam Warburton, James Hook, Huw Bennett, Craig Mitchell, Aled Brew, Paul James, Ryan Bevington ac Andy McCann, seicolegydd carfan Cymru. Prin y gwnaethon ni siarad am Gwpan y Byd os o gwbwl, ond doedd dim llawer o amser gan fod pawb yn bwrw ati i wneud ei orau i leihau'r mynydd bîff yn ardal y Waikato! Am ryw reswm fe'm gosodwyd i i eistedd gyferbyn ag Andy'r seicolegydd. Wedi heno, dw i dipyn cliriach am werth seicoleg a seicolegydd mewn carfan rygbi sydd â'i golygon ar ennill y brif wobr.

Wnaeth Andy ddim dweud llawer a wnes inne ddim holi gormod, ond fe ddeallais i'n go gloi fod perthynas dda rhyngddo fe a Sam Warburton a bod capten Cymru yn gweld gwerth mawr mewn cael sesiynau gydag Andy.

Mae'r darnau yn dechrau disgyn i'w lle, a'r pythefnos paratoi yn y Ganolfan Olympaidd yn Spala yng Ngwlad Pŵyl, y soniwyd cymaint amdano, yn magu arwyddocâd dyfnach erbyn hyn.

Dydd Gwener, Medi 23ain

Mae tîm Warren Gatland i wynebu Namibia yn dangos un newid ar ddeg o'r tîm a drechodd Samoa wythnos i ddoe. Mae Lee Byrne, Stephen Jones, Gethin Jenkins

Russell a Diego yn cyfweld Scott

a Ryan Jones yn dechrau; tri felly sydd wedi arwain Cymru ar ryw adeg neu'i gilydd, gyda Jenkins yn dechrau ei gêm gynta mewn bron i naw mis.

Mae cyfle cynta i Scott Williams, Aled Brew, Tavis Knoyle, Lloyd Burns a Craig Mitchell wneud argraff. Dyw'r tîm hyfforddi ddim am ddiystyru her Namibia o gwbwl, meddai Warren Gatland, gan ddatgan bod yna dipyn o feddwl y tu ôl i'r dewis wrth edrych ar gyfuniadau o chwaraewyr. Falle hynny, ond mae'r gêm hon yn gwrth-ddweud yr ystrydeb nad oes gêmau hawdd ar y llwyfan rhyngwladol.

Gyda Leigh Halfpenny yn asgellwr naturiol, mae Byrne yn ddewis amlwg yn lle James Hook yn safle'r cefnwr. Ond mae'n rhyfedd gweld Halfpenny ar yr asgell wedi i Rob Howley ei ganmol i'r cymylau am ei berfformiad yn safle'r cefnwr yn erbyn Samoa. Mae Halfpenny ei hunan wedi datgan ei fod e am gael ei ystyried fel cefnwr, ond os gall Byrne brofi bod yr awch am y gêm yn dal gydag e, fe allai'r tîm hyfforddi fod

ag un llygad ar roi gêm iddo yn erbyn y Gwyddelod yn rownd yr wyth olaf yn y gwynt a'r glaw yn Wellington. Ar hyn o bryd mae Byrne yn gorfforol – ta beth am yn feddyliol – abl i ddygymod â'r bomiau uchel a allai ddod o gyfeiriad Ronan O'Gara, ac fe ddylai Byrne gael digon o gyfleoedd i brofi ei werth yn erbyn Namibia.

Haws yw deall teithi meddwl y tîm hyfforddi yng nghyswllt Ryan Jones. Mae cyn-gapten Cymru yn ddewis naturiol i gymryd ei le wrth dalcen y sgrym yn dilyn yr anaf i Dan Lydiate, yn hytrach nag Andy Powell. Mae Warburton yn dechrau eto am fod Gatland am roi gêm i'r rheng ôl yma fel uned cyn y gêm yn erbyn Fiji ddydd Sul, ac mae hynny'n cadarnhau difrifoldeb yr anaf i Dan Lydiate, siŵr o fod.

Gyda Hook wedi'i anafu, mae'r gêm yn erbyn Namibia yn gyfle i Stephen Jones brofi ei ffitrwydd, a phwy a ŵyr na fydd angen holl brofiad cant o gapie yn erbyn Fiji. Ac os gall Gethin Jenkins brofi ei ffitrwydd, yna fe, yn lled debyg, yn hytrach na'r diwyd Paul James, fydd yn dechrau ar y pen rhydd yn erbyn yr Ynyswyr.

'Yr her i'r chwaraewyr i gyd yw iddyn nhw roi pwysau arnon ni fel hyfforddwyr, fel eu bod nhw yn y ffrâm i gael eu hystyried o ddifri ar gyfer y gêm yn erbyn Fiji,' yn ôl Gatland eto.

Fe roes De Affrica goten i Namibia o 87 i 0. Mi fydd sgôr o lai na hanner cant gyda phwynt bonws yn cael ei ystyried yn ganlyniad siomedig yn erbyn y tîm gwannaf yn y gystadleuaeth.

Dydd Sadwrn, Medi 24ain

Diwrnod tawel heddi a chyfle i gael gwybodaeth am y datblygiadau lawr yn New Plymouth ar wefan S4C gan fod y criw wedi mynd yno ddiwrnod o'n blaenau ni. Cafodd carfan Cymru groeso cynnes eto i lawr ar lan y môr, 'run fath ag ym mhob man arall; baneri a chanu'r bobol yn eu disgwyl. Er mawr bleser i'r cefnogwyr a'r trigolion lleol, fe wnaeth y chwaraewyr ymateb trwy ganu 'Ar Lan y Môr', cân addas.

Dyma gyfle hefyd i gael y newyddion yn y papurau newydd a gweld erthygl am y derwydd Robin o Fôn a'i ddyletswyddau Eisteddfodol. Robin McBryde hefyd yw corfeistr carfan Cymru.

Mae Robin yn sôn am ffitrwydd y chwaraewyr ac am y pwyslais a fu ar wella ffitrwydd y garfan cyn Cwpan y Byd. 'Roedden ni am wneud yn siŵr mai'r garfan hon oedd y fwyaf ffit erioed i gystadlu yng Nghwpan y Byd. Mae'n amlwg wedi'r ddwy gêm gynta fod hynny wedi talu ar ei ganfed.'

Roedd Shaun Edwards yn y gynhadledd i'r wasg wedi bod yn sôn pa mor bwysig fydd hi i gadw llechen lân yn erbyn Namibia nos Lun. 'Fyddwn ni ddim yn canolbwyntio ar sicrhau pwynt bonws ond yn hytrach ar ennill y gêm, trwy fod yn greadigol yn ein defnydd o'r bêl, a thrwy ein hamddiffyn.'

Dydd Sul, Medi 25ain

Rwy'n cael cyfweliad cynnar gyda Peter Montgomery ar raglen *Sportsworld* a ddarlledir ar draws Seland Newydd ar foreau Sul ar donfeddi Newstalk ZB a Radio Sport. Mae 'PJ' yn un o'r bobol brin hynny sy'n fwy adnabyddus na rhai o'r pencampwyr y mae e'n eu cyfweld. Mae tîm Cymru wedi creu argraff arno fe, a chawn sgwrs i drafod eu gobeithion, a chanfyddiad y gynulleidfa gartre yng Nghymru o'u dwy gêm hyd yma.

Yna mae Derwyn a finne'n teithio i lawr i New Plymouth, siwrnai o rhyw dair awr neu fwy. Gwelwn faneri yn cefnogi'r Crysau Duon ym mhob man, a baner y Ddraig Goch hwnt ac yma yn awgrymu bod yna Gymry alltud yn byw ar ambell i fferm neu lety gwely a brecwast.

Mae 'Sally Ann' yn bihafio hyd nes i ni gyrraedd cyrion tref Te Kuiti, a chartre cyn-gapten chwedlonol y Crysau Duon, Syr Colin Meads. Roedden ni nawr yn King Country, a'r brenin yn y parthau hyn, heb os nac oni bai, yw Colin Meads. Dyw e ddim yn mynnu arddel y 'Syr' yn ôl pob sôn. Hawdd gwybod taw fan hyn mae e'n byw oherwydd bod arwydd clir yn dweud 'Colin Meads lives here' ac un arall yn nes ymlaen yn cyhoeddi 'Colin Meads is at home now'. Mae llais 'Sally Ann', fodd bynnag, yn penderfynu nad heddi yw'r diwrnod y bydd cyfle i ni gyfarfod â'r marchog, wrth iddi ein dargyfeirio ar lwybr y mynydd ac osgoi Te Kuiti yn llwyr.

Rwy'n cofio, yn grwt, am y darlun hwnnw mewn

papur newydd 'nôl yn y 1960au o Meads, ac erthygl yn sôn amdano yn ymarfer ar gyfer chwarae rygbi trwy redeg i fyny ac i lawr y bryniau ar ei fferm gyda dafad o dan bob cesail. Bydde newyddiadurwyr yn hoff o or-ddweud yn y ganrif ddiwethaf hefyd. Dau oen oedd gan Meads o dan ei geseiliau mewn gwirionedd – ŵyn Merino braf falle – ond fel heddi, pam gadael i'r ffeithie cywir sbwylio stori dda?

Y ffordd fyrraf tua'r de o bosib, ond nid y cyflymaf yn sicr, yw honno ar draws y bryniau gyda mynyddoedd Rangitoto yn y pellter, ond mae'n gyfle unwaith eto i weld cefn gwlad Seland Newydd yn ei ogoniant. A dyna pryd mae'n gwawrio arna i pam mae'r tirlun yn edrych fel canfas eang rhyw arlunydd hyd at orwelion pell; does yma ddim cloddiau, dim ond ffensys. Coed a phrysgwydd i ddofi grym y gwynt hwnt ac yma ac i ddarparu 'chydig o gysgod, dyna i gyd. A chan fod yr hinsawdd yn garedig, mae'r anifeiliaid allan rownd y flwyddyn. Does dim angen adeiladau pwrpasol fel sy gyda ni yng Nghymru i aeafu, bwydo a rhoi hoe i'r tir. Parlyrau godro syml, awyr-agored wedyn gyda tho'n gysgod – ac erbyn meddwl, dw i ddim yn credu i fi weld clawdd silwair yn unman ond, yn hytrach, 'chydig o fyrnau gwair ym môn y clawdd fan hyn a fan draw.

Mae'r defaid yn amlwg unwaith eto, ond nid cymaint ag y bu mae'n debyg, ac mae'r rhai a welwn ni'n amlwg yn methu cael y gorau ar dyfiant y borfa. Roedd yna 90 miliwn o ddefaid yn Seland Newydd ar un adeg 'nôl ar ddechrau'r 1980au; nawr mae'r ffigwr wedi disgyn yn sylweddol ac yn nes at 35 miliwn, a'r diadelloedd mwyaf ar Ynys y De. Mae'r gosodiad sy'n dweud bod yna 20 o ddefaid i bob enaid byw yn y wlad, felly, yn anghywir. Erbyn heddi dyw e ond rhyw naw dafad i bob person. Ond dyw hynny ddim yn cuddio'r ffaith bod Seland Newydd yn gyfrifol am werthiant hanner y farchnad ryngwladol mewn cig oen.

Ond mae yna hefyd dros 9 miliwn o wartheg bîff a llaeth yn y wlad o hyd.

'Nôl lawr i'r gwastadeddau â ni, gan ailymuno â'r brif ffordd tua New Plymouth ar arfordir y gorllewin a chofio galw ym mhentref Mokau ar lan y dŵr am bryd o boncagau sildod mân – neu *whitebait fritters* fel mae'r Kiwis yn eu galw nhw. Gwelwn sawl arwydd i ddynodi ein bod ni ar fin cael y pryd gorau erioed ohonyn nhw. Ond digon yw dweud bod mwy o does nag o bysgod yn y *fritters* ac na wnaeth y profiad o'u bwyta wireddu disgwyliadau Derwyn na finne.

Cyrhaeddwn New Plymouth a galw heibio i Stadiwm Taranaki er mwyn cyfarwyddo 'da'r lleoliad. Ry'n ni'n cyfarfod â'r criw ac yn derbyn y tocynnau priodol ar gyfer y gêm nos yfory, a daw cyfle hefyd i baratoi blog arall ar gyfer gwefan S4C.

Mae'r stadiwm ei hunan mewn padell ar ochr y bryn, weithiau mewn cysgod mae'n siŵr ond bryd arall yn nannedd y gwynt. Mae'n heulog braf heddi a'r eira i'w weld yn sgleinio ar fynydd Taranaki yn y pellter. Gobeithio y bydd hi'r un mor iachus ar gyfer y gêm nos yfory, gyda Gatland wedi gwneud un ar ddeg o newidiadau i'r tîm a drechodd Samoa wythnos yn ôl.

Yn Stadiwm Taranaki gyda'r mynydd yn y golwg – heddi!

Gormod o newidiadau? Dyna'r cwestiwn ofynnais i i Derwyn.

'Diddorol. Mae'r dacteg yn wahanol i'r un y bydd Seland Newydd yn ei mabwysiadu wrth drio cynnal y momentwm ar gyfer y gêmau mawr. Mae Cymru wedi gwneud lot o newidiadau, ar ôl cael cymaint o anafiadau wrth gwrs, ond mae cwpwl o chwaraewyr pwysig fel Gethin Jenkins a Stephen Jones yn eu holau wedi anafiadau. Cyfle wedyn i'r bechgyn ifanc fel Craig Mitchell ac Aled Brew. Leigh Halfpenny'n dechrau'r gêm hefyd a chyfle i rywun fel Ryan Jones sy'n awchu i adael ei farc ar Gwpan y Byd.'

Gofyn wedyn beth fyddai'n ganlyniad derbyniol o gofio bod Fiji a Samoa wedi rhoi 49 o bwyntiau yr un ar y sgorfwrdd yn erbyn Namibia, a De Affrica wedi sgorio 87 o bwyntiau yn eu herbyn.

'Rhaid meddwl yn bositif,' medd Derwyn. 'Mae cryts ifanc yn y tîm yma sydd yn mofyn chwarae bob tro, a mofyn ennill pob gêm. Maen nhw'n credu yn eu gallu eu hunain. Sa i'n credu bod nhw'n poeni beth ddigwyddodd mas yn Ffrainc yn erbyn Fiji – mae Fiji yn dîm gwahanol hefyd i'r tîm oedden nhw yn 2007. Rhaid i ni fod yn bositif, a rhaid maeddu Namibia yn dda. Gyda'r tîm mae Warren Gatland wedi'i ddewis dw i'n erfyn ar Gymru i roi crasfa i Namibia.'

Er y croeso cynnes i garfan Cymru, ro'dd llety Derwyn a finne braidd yn oer, felly dyma fanteisio ar wresogydd trydan cyfleus o'r gegin i gadw fy stafell yn gynnes gan ei bod hi'n amlwg yng nghysgod yr haul. Daw arwyddion hefyd yn ystod y nos bod o leia un o'r ychydig sildod mân ym mhoncagen y *whitebait* yn gynharach yn y dydd yn awyddus i ffeindio'i ffordd yn ôl i'r môr!

Dydd Llun, Medi 26ain

Chafodd Derwyn ddim noson dda o gwsg, ac mae'n peswch a chyfarth fel hen gawr blin y bore 'ma. Doedd y ffaith 'mod i'n galw'r moch adre – yn chwyrnu, hynny yw – am gyfnodau maith ddim yn help a'r walydd mor dene, medde fe. Dw i'n bwrw'r bai ar y poncagau!

Er tegwch i'r cawr, mae e wedi 'nghymell i i fynd i'r gampfa bob dydd a dw i ddim yn amau nad ydw i wedi llwyddo i dynnu'r belt yn dynnach am 'y nghanol heddi.

Cymru 81–7 Namibia

Doedd dim disgwyl dim byd llai na buddugoliaeth swmpus, wrth i'r maswr Stephen Jones ddathlu cant ac un o gapie, a fe bellach yw'r chwaraewr sydd wedi ennill y nifer mwya o gapie dros Gymru erioed. Dyna a gafwyd hefyd, sef buddugoliaeth o 81 i 7, y fuddugoliaeth fwya erioed i Gymru yng Nghwpan y Byd. Roedd yna ddeuddeg cais i gyd; tri ohonyn nhw i ganolwr ifanc y Scarlets, Scott Williams, chwaraewr sydd wedi creu argraff fawr ar Gatland.

Wrth gyhoeddi ei dîm ddydd Gwener fe erfyniodd Gatland ar y chwaraewyr i'w herio i orfod gwneud dewisiadau anodd yn y dyddiau cyn y gêm dyngedfennol yn erbyn Fiji ddydd Sul, a dyna'n union wnaeth Williams, Halfpenny a George North a ddaeth ymlaen yn lle Aled Brew yn yr ail hanner.

'Chydig yn anniben oedd ail chwarter y gêm wrth i Gymru anghofio bod yn rhaid gwneud y gwaith caib a rhaw cyn lledu'r bêl. Yn y cyfnod hwnnw fe welson ni rygbi Cymru ar ei orau ac ar ei waethaf hefyd. Wrth weld y lluniau o'r stafell newid ar yr egwyl roedd hi'n ymddangos bod 'da Shaun Edwards ddigon i'w ddweud.

Ond fe dorrodd Cymru'n rhydd yn yr ail hanner, serch hynny, i groesi am naw cais i'w hychwanegu at y tri a sgoriwyd yn yr hanner cynta. Daeth ail gais Scott Williams â'r pwynt bonws am bedwar cais i'r tîm, cyn i Gethin Jenkins groesi o bron i ddeugain llath am gais a ddaeth â gwên lydan i wyneb Gatland. A dyw hynny ddim yn digwydd yn aml – wel, nid yn gyhoeddus ta beth! Fe ddangosodd y prop rhyngwladol ddoniau maswr i ochrgamu dau a ffugio cyn cario dau chwaraewr arall dros y lein.

Daeth George North ar y cae i'n hatgoffa ni o'i botensial e gyda dau gais – fe bellach yw'r chwaraewr ieuengaf erioed i groesi am gais yng Nghwpan y Byd. Joe Roff o Awstralia oedd biau'r anrhydedd honno cyn heno.

George North yn croesi Bont Borth eto!

Un hyrddiad arall

'Un, dau, tri i fi,' medde Scott

Roedd yna geisiau heno hefyd i Jonathan Davies, Toby Faletau, Lee Byrne, Lloyd Williams ac Alun Wyn Jones. Yr hyn a brofwyd eto heno yw taw'r garfan ifanc o chwaraewyr egnïol a di-ofn sydd yn sail i uchelgais Cymru; chwaraewyr megis y capten Sam Warburton, Toby Faletau, Scott Williams, Jonathan Davies a George North.

Mae copa mynydd Taranaki tan gwrlid gwyn o eira heno, a Cymru yn chwarae mewn du yn erbyn Namibia. Fel y mae y gair 'BRAINT' wedi ei wnïo i mewn i goler y crys coch, 'CYMERIAD' yw'r gair yng ngholer y crys du, ac mae Cymru eisoes yn y gystadleuaeth wedi dangos tipyn o hwnnw.

Roedd yna gap cynta o'r diwedd i fachwr y Scarlets, Ken Owens. Bu'n rhaid iddo aros yn hir amdano, ac rwy'n flin fod cyfarwyddwr teledu Sky wedi colli ei foment fawr. Roedd Ken wedi teithio gyda Chymru i Seland Newydd y llynedd ac roedd e'n siomedig i beidio â chamu ar y cae. Rwy'n nodi bod yna dri o gyn-ddisgyblion Ysgol Bro Myrddin, gerllaw 'nghartre i, yn y garfan heno wrth i Ken ymuno â Rhys Priestland a Stephen Jones. Fe yw'r ail fachwr o'r ysgol, gan fod Mefin Davies wedi cynrychioli ei wlad. Rhaid peidio ag anghofio chwaith am Emyr Lewis a fydd yn y pwynt sylwebu gyda fi ar gyfer y gêm yn erbyn Fiji ddydd Sul. Felly mae pum chwaraewr o Ysgol Bro Myrddin wedi ennill capie rhyngwladol.

Syndod wedi'r gêm yw clywed taw Tinus du Plessis, blaenasgellwr Namibia, a ddyfarnwyd yn seren y gêm; doedd neb yn synnu fwy na du Plessis ei hunan. A fe oedd y cynta i gael ei gyfweld wedi'r gêm gan Kobus Wiese, cyn-glo De Affrica sydd nawr yn sylwebydd teledu.

'Rwyt ti'n edrych yn dda mewn pinc,' medde fe wrtha i gan gyfeirio at y wasgod swyddogol roedd yn rhaid ei gwisgo cyn cael mynediad i'r stafell gyfweld.

Mewn siop teiliwr yn Hong Kong oedd y tro diwethaf i Kobus a finne gyfarfod. Ar ôl ei atgoffa o'r ffaith honno dyma ddweud wrtho,

'Y tro nesa y bydda i yn Hong Kong mi wna i ofyn am un i tithe!' Chwerthin braf.

Doedd dyfarnu aelod o dîm Namibia yn seren y gêm yn fawr o gysur nac yn dad-wneud y ffaith iddyn nhw gael eu gorfodi i chwarae pedair gêm mewn dau ddiwrnod ar bymtheg. Dim ond y drydedd gêm i Gymru oedd hon, a hynny mewn un diwrnod yn llai.

Digon yw dweud na ffeindiodd y gwresogydd ei ffordd i fy stafell wely i heno 'to! Rwy'n siŵr i fi ei weld yn cael ei lusgo wrth ei dennyn tan brotest, fel ci bach yn gwybod bod cyllell y milfeddyg yn ei aros!

Dydd Mawrth, Medi 27ain

Teithio 'nôl i Cambridge, a dim angen stopio yn Mukou heddi ar ôl siom y poncagau. Penderfynu anwybyddu 'Sally Ann' hefyd y tro hwn. Down i'r casgliad ei bod hi o lwyth Abraham mae'n rhaid, gan ei bod hi am ein denu ni tua'r mynyddoedd unwaith eto. Ond fel Lot slawer dydd, mentro ar hyd llwybr y dyffryn wnaethon ni y tro hwn a chyrraedd Te Kuiti. Gwelwn arwydd ar y ffordd i mewn i'r dre: 'You are now entering Meads country – leave all soccer balls in the bin provided.'

Mae Te Kuiti yn anrhydeddu ei mab enwocaf, Colin 'Pinetree' Meads, gan ailenwi'r dre yn Meadsville dros gyfnod Cwpan y Byd, gyda phob siop yn meddwl am enw dychmygus i adlewyrchu'r penderfyniad, os nad y weledigaeth. Newidiodd y pobyddion lleol enw eu busnes i 'Pie-netree Bakery'. Duw yn unig a ŵyr be gaech chi tasech chi'n chwilio am siop yn dwyn yr enw 'Colin-oscopy'!

Ond er tegwch i'r dyn ei hunan, pan ddaeth criw rhaglen deledu *Jonathan* drwy'r dre a gweld yr arwydd 'Colin Meads is at home' dyma stopio a threfnu cyfweliad rhyngddo fe â Rhian Madamrygbi – ffan mwya rygbi Cymru, fel y gwyddon ni. Er syndod i Gwyn

Derfel, y cynhyrchydd, fe gytunodd Meads i roi hanner awr o'i amser. 'Wicked!' fel y byddai Rhian yn dweud.

Cyrraedd 'nôl i Cambridge a Derwyn yn pacio'i fagie. Ffarwél emosiynol. Roedd hi wedi bod yn gyfnod da. Ond roedd mwy o'i angen gartre erbyn hyn. Diolch Derwyn.

Pan mae rhywun 12,000 o filltiroedd o'i gartre am gyfnod hir, mae'n naturiol ei fod yn meddwl am ei deulu. Wythnos arall ac fe fydd Gwyneth y wraig yn cyrraedd allan yma, a chyfle i'r ddau ohonon ni fwynhau gwyliau wedi i Gwpan y Byd ddod i ben. Mae hithe nawr wedi ymddeol o ddyletswyddau dysgu ac mi fydd hi'n braf medru rhannu profiadau teithio gyda hi.

Yn y cyfamser rwy'n derbyn e-bost go ryfedd gan Aled y mab yn dwyn y pennawd 'Capteiniaid Rownd Derfynol Cwpan y Byd 2031!' Agor yr ymlyniad i weld llun o fy ŵyr Tomos mewn crys coch a'i gefnder Luca, sydd fis yn hŷn, mewn crys De Affrica. Mae Luca yn fab i Katherine, chwaer Penny fy merch yng nghyfraith, a Styli ei gŵr ac maen nhw'n byw yn Johannesburg.

Rhyfeddod y rhyfeddodau: mae'r ddau fach benfelyn yn edrych mor debyg, er bod y ddau dad o bryd a gwedd tywyll, ac er bod pawb yn dweud bod y ddau grwt yn debyg i'w tadau!

Dydd Mercher, Medi 28ain

Rwy'n disgwyl Emyr Lewis i gyrraedd heddi rywbryd. Yn y cyfamser, rwy'n derbyn galwad ffôn oddi wrth Stu Dennison yn cadarnhau fy ymddangosiad i ac Emyr ar sioe Martin Devlin i drafod Cwpan y Byd nos Wener yn Auckland.

Rwy'n gwneud trefniadau i Gwyneth a finne dreulio rhai diwrnodau yn Fiji cyn dychwelyd adre, ac yn meddwl hefyd am y gêm yn erbyn yr Ynyswyr ddydd Sul. I'r anghyfarwydd, gan chwaraewyr Fiji y mae'r enwau sy'n peri'r trafferthion mwya i sylwebydd, ond nid i Gymro, gan fod y seiniau 'dd' ac 'ng', er enghraifft, yn amlwg. Ysgrifennu eu henwau ar ffurf ffonetig yn y nodiadau sy hawsa. Ond wedi degawd o brofiad ar gylchdaith Saith Bob Ochr y Bwrdd Rygbi Rhyngwladol mae rhywun wedi dod yn gyfarwydd â sut mae ynganu enwau chwaraewyr o Ynysoedd Môr y De. Braf hefyd yw gweld bod awdurdodau Cwpan y Byd wedi gweld yn dda i ddarparu rhestr o garfanau timau Ynysoedd Môr y De, ynghyd â Rwmania a Georgia, a chynnwys ffurfie ffonetig, yn arbennig i sylwebwyr diog!

Mi fydda i'n colli amynedd yn llwyr â'r sylwebwyr hynny nad ydyn nhw'n gwneud fawr o ymdrech i

5.	Rupeni Nasiga	Roo-pe-nee	Na-sing-a
6.	Dominiko Waqaniburotu	Do-mee-nee-ko	Wanga-nee-mboo-ro-too
7.	Akapusi Qera	A-ka-pu-see	Nge-ra
8.	Sakiusa Masi Matadigo	Sa-kee-you-sa	Ma-see Ma-ta-ndee-ngoh
9.	Nemia Kenatale	Ne-mee-yah	Ke-na-ta-leh
10.	Seremaia Baikeinuku	Se-re-my-a	Mbai-kay-nu-ku
11.	Napolioni Nalaga	Na-po-lee-o-nee	Na-la-ngah
12.	Ravai Fatiaki	Ra-vai	Fatty-a-kee
13.	Albert Vulivuli	Albert	Vu-lee-vu-lee
14.	Michael Tagicakaibau	Michael	Tang-ee-tha-key-mbau
15.	Iliesa Keresoni	E-lee-esa	Ke-re-sow-nee

wneud eu gwaith cartre. Mae'r sylwebydd o Sais yn sôn am yr 'haker' yn lle'r *haka* a heb drafferthu hyd yn oed gyda chyfenw asgellwr Seland Newydd, Richard Kahui (Ka-hŵ-i). Ac mae'n syndod pa mor aml y bydd hynny'n digwydd, yn arbennig gan fod nifer o'r Ynyswyr erbyn hyn yn chwarae i glybiau a rhanbarthau ym Mhrydain ac Iwerddon. Dros yr wythnosau diwethaf 'ma cafwyd canmoliaeth aruchel i Manu Tuilagi, canolwr mabwysiedig Lloegr. Yr ynganiad cywir o'i gyfenw yw 'Twi-lang-gi', ond yn fwy aml na pheidio cawn 'Tuilaggy' sy'n odli gyda 'baggy'. Sedd adre ar yr awyren nesaf i'r person sy'n ynganu enw asgellwr Rwmania yn anghywir – Stefan Ciuntu.

Falle taw'r ffaith bod pobol yn cael trafferth gyda fy nghyfenw i sydd yn gwneud i fi deimlo mor gryf a sensitif ynglŷn â'r mater. Wedi dweud hynny, dw i wedi rhyfeddu fel y bydd pobol o dramor, y rhai hynny sy'n ffonio o Mumbai neu Kolkata, yn ynganu fy nghyfenw i'n berffaith. Mae rhywun bron â maddau iddyn nhw am eu galwadau berfeddion nos! I bobol yn nes gartre

sy'n arddel yr iaith fain, mae'r 'y' yn mynd yn 'aye' neu'n 'eye', a'r 'dd' yn mynd yn 'd' – 'Gruff-eyed' yw'r orau o'r rhai mwya gweddus o'u hymdrechion, os gwnân nhw ymdrech o gwbwl, hynny yw.

Ar y gylchdaith Saith Bob Ochr mi fyddwn ni'r sylwebwyr, ym mhle bynnag y byddwn ni, boed yn Dubai, Hong Kong, Las Vegas neu Gaeredin, yn eistedd i lawr gyda rheolwyr y timau yn eu tro i gasglu gwybodaeth ac i ofyn yn benodol am ynganiad enwau chwaraewyr, neu hyd yn oed yn gofyn i'r chwaraewr ei hunan. Mae hynny'n cael ei werthfawrogi a hefyd yn magu ymddiriedaeth rhwng chwaraewr a sylwebydd.

Enghraifft tipyn yn nes gartre yw'r dyfarnwr o Iwerddon, Simon McDowell. Yn hytrach na'r ynganiad amlwg, dylid ynganu ei gyfenw fel 'Mcdowl'. Fe ddaeth e i fyny i'r blwch sylwebu un tro i ddiolch am fod ei fam wedi gweld un o'i gêmau ar y teledu ac yn falch bod rhywun wedi cymryd y drafferth i holi am ei gyfenw.

Cwrteisi yw e, a dyw cwrteisi, yn fwy na 'Diolch yn fawr', yn costio dim.

Does dim problem gydag enw George North, ac mae e'n denu sylw yn y papurau heddi gyda'r gymhariaeth anochel â Jonah Lomu. Y gŵr ifanc o Langefni yw'r cyflyma yng ngharfan Cymru mewn gwib ar hyd y cae. Roedd ei bŵer a'i gryfder yn amlwg yn erbyn y Springboks a'r Samoaid, a fuodd e ddim yn hir cyn croesi ddwywaith ar ôl dod i'r cae yn eilydd yn erbyn Namibia. Dyw e ddim yn ceisio ffugio nac ochrgamu, a fydde o bosib yn rhoi cyfle i'r taclwr; yn hytrach, mae e'n rhedeg yn dalsyth ac yn syth at yr amddiffyn. Dim ond un ffordd sydd i'w daclo – a hynny wrth fynd benben ag e a mynd yn isel am ei figyrne. Pob lwc!

Dydd Iau, Medi 29ain

Newyddion da o wersyll Cymru heddi gyda'r cyhoeddiad ei bod yn bosib y bydd Dan Lydiate a James Hook ar gael ar gyfer y chwarteri, os bydd Cymru'n llwyddo i symud ymlaen i rowndiau'r wyth olaf yn y gystadleuaeth. Mae'r newyddion am yr anaf ddioddefodd Shane Williams yn erbyn Samoa yn well fyth; mae e dan ystyriaeth ar gyfer y gêm yn erbyn Fiji ddydd Sul.

Dyma enghraifft eto o'r paratoi manwl fu yna, a'r gefnogaeth feddygol ardderchog sydd yna i'r garfan. Mae pethau yn argoeli'n well i Gatland o'r herwydd. Mae Lydiate yn llythrennol wedi colli cwsg ac yn codi pob dwyawr i redeg i fyny ac i lawr grisiau'r gwesty er mwyn ystwytho'r bigwrn a anafwyd yn gynnar yn erbyn Samoa. A chyda Ryan Jones, a oedd yn edrych fel ei fod e ar y ffordd adre wythnos yn ôl, wedi profi ei ffitrwydd a'i werth dros wyth deg munud yn erbyn Namibia, mae hyn yn newyddion da i Gymru wrth baratoi ar gyfer y gêm yn erbyn Fiji a thu hwnt.

Mae yna gystadleuaeth am safleoedd yn y rheng ôl, a chyda Scott Williams yn croesi am dri chais yn erbyn Namibia yn ei ymddangosiad cynta yn y Bencampwriaeth, a sôn bod George North wedi bod yn ymarfer yn safle'r canolwr, mae yna gystadleuaeth frwd am safleoedd yng nghanol y cae hefyd. Mi alla i ddychmygu y bydd y Fijiaid corfforol, hyd yn oed, yn troi ac yn trosi yn eu gwelyau wrth feddwl am Jamie a George yn rhedeg tuag atyn nhw. Ond dyna fesur o ddyfnder carfan Cymru erbyn hyn, sef bod yna gyfle i arbrofi.

Dyma Mark Dennis a finne'n manteisio ar y cyfle i ymweld â thrac rasio harnes Cambridge lawr y ffordd. Mae Mark yn rheolwr cynyrchiadau i gwmni byd-eang Sunset+Vine, ac yn aelod hynod o bwysig o'r tîm yma yn Seland Newydd. Fe sy'n sicrhau bod pob elfen o'r darllediadau allanol o'r gêmau, i'r manylyn lleiaf, yn eu lle fel bod y lluniau yn cyrraedd y sgrîn 'nôl yng Nghymru. Mae yna gyfrifoldeb aruthrol ar ei

Teyrnged i'r ceffyl yn Cambridge

ysgwyddau e, ond mae yna wastad wên ddireidus ar ei wyneb. Gobeithio y gallwn ni ei gadw fe ma hyd ddiwedd y daith, ta pryd fydd hynny. Ond heno, braf cael treulio awr neu ddwy yn ei gwmni a rhoi doler neu ddwy ar geffyl. Mae rasio harnes yn boblogaidd iawn yn Seland Newydd, gyda thref Cambridge yn ganolfan i'r diwydiant rasio ceffylau. Mae yma drac caled ac ôl buddsoddiad arno, gyda bwyty a bar yn dangos rasus o gyfarfodydd eraill ar setiau teledu o gwmpas y muriau. Rwy'n sylwi hefyd fod rasio milgwn weithiau yn cydredeg â rasio harnes yn Cambridge, a hynny ar drac pwrpasol y tu mewn i'r trac ceffylau.

Mae yna ddeg o rasus heno a dyma gael ein hunain yng nghwmni pobol sy'n nabod eu ceffylau ac un fenyw yn eu plith sy'n ffisiotherapydd ceffylau ar y trac lleol. Mae Mark yn medru siarad â phawb!

Diolch byth na wnes i sôn gair wrth y cwmni 'mod i yn sylwebu ar rasio harnes gartre, achos mae'r doleri'n diflannu mor gyflym ag eira ym mis Mai. Mae'n amlwg nad yw *form* yn golygu dim a falle taw dilyn esiampl y foneddiges yma trwy roi arian ar gefn sawl ceffyl fyddai'r dacteg orau. Yn ddi-ffael bron, mae yna geffyl yn dal ei sylw oherwydd ei osgo neu ei ymarweddiad, ac yn ddi-ffael mae'r ceffyl hwnnw'n dod i mewn yn y tri chynta. Roedd ceffyl rhif 6 wedi gwneud yn dda i Mark yn y ras gynta, ac fe wnaeth e'n ddigon da wrth aros gyda rhif 6 am y rhan fwyaf o'r noson. Trwy lwc a bendith, mi lwyddais inne i adfer fy sefyllfa ariannol – fregus erbyn hynny – ar y ras olaf. Rhoi fy arian ar

rif 7, 'Sevaerg'. Pam? Wel, rown i'n rhesymu bod Sam Warburton, capten a rhif 7 Cymru, yn cael tipyn o lwc yn Seland Newydd, ac y gallai rhywfaint o'i lwc e rwbio bant arna i. Diolch Sam. Wedyn, sylwi bod 'Sevaerg' yn sillafu 'Greaves' tuag yn ôl. Rown i'n dipyn o ffan o Jimmy hefyd. Cwmni da. Noson ddifyr.

Dydd Gwener, Medi 30ain

Mae tîm Cymru ar gyfer y gêm yn erbyn Fiji ddydd Sul wedi ei gyhoeddi heddi.

Mae yna saith newid i'r tîm a roes goten i Namibia ddechrau'r wythnos, gyda George North, Rhys Priestland, Jamie Roberts, Mike Phillips, Huw Bennett, Adam Jones a Luke Charteris yn dod i mewn i'r tîm. Mae Scott Williams yn cadw'i le yn dilyn ei hatrig o geisiau yn erbyn Namibia, ond does dim lle i Stephen Jones yn y pymtheg sy'n dechrau.

Yn ôl Robin McBryde, mae'n chwilio am hanner awr agoriadol cryf, trwy ganolbwyntio ar gywirdeb ac yna gweld sut mae'r gêm yn datblygu.

Dyw Fiji ddim cystal tîm ag oedden nhw yng Nghwpan y Byd bedair blynedd yn ôl, mae hynny'n sicr, ac mae Cymru wedi datblygu ers y gêm a alwodd Gatland yn embaras – y gêm gyfartal 16–16 yn erbyn yr Ynyswyr fis Tachwedd y llynedd. Ydyn, mae Fiji wedi trechu Namibia ond yna fe gawson nhw goten o 49 i 3 gan Dde Affrica. Fe groesodd De Affrica am chwe chais, ac os yw canlyniad Cymru yn erbyn y Springboks i olygu rhywbeth yna dyna'r safon i anelu ato. Rwy'n sylwi, serch hynny, taw ar y fainc ddydd Sul y bydd Akapusi Qera a sicrhaodd gytundeb iddo'i hunan gyda Chaerloyw yn dilyn ei berfformiad yn erbyn Cymru yn Nantes yn 2007.

Rwy'n cofio fel ddoe y digwyddiadau ar ddiwedd y gêm rhwng Cymru a Fiji yn Nantes. Roedd hi'n gêm ardderchog, a'r Ynyswyr yn llawn deilwng o'u buddugoliaeth o 38 i 34. Rown i'n dal yn y pwynt sylwebu funudau wedi'r chwiban olaf yn y gêm honno wedi i'r timau adael y cae. Pwy welwn i'n ymlwybro i ganol y maes o'n ochr i ond Prif Weithredwr Undeb Rygbi Cymru, Roger Lewis, a John Williams, Cyfarwyddwr Cysylltiadau Cyhoeddus yr Undeb. O ochr arall y cae gallwn weld David Pickering, Cadeirydd Undeb Rygbi Cymru, yn eu cyfarfod. Roedd fy nhrwyn newyddiadurol yn cosi a dyma wasgu'r botwm i gysylltu â'r 'tryc' i ddweud wrth Cerith, y cyfarwyddwr, beth roeddwn i'n ei weld. Holi oedd yna gamera o fewn cyrraedd, gan y gallen ni fod yn falch bod y lluniau ar gael yn cofnodi'r cyfarfyddiad yma ryw ddydd. Erbyn bore trannoeth roedd hyfforddwr Cymru ar y pryd, Gareth Jenkins, wedi ymddiswyddo.

Ydi, mae hunllef Nantes yn dal i boeni Cymru fel hen grachen ar y corff sydd yn mynnu cael ei chrafu (rhaid cofio hynny ar gyfer y sylwebaeth!).

'Rhaid i ni fynd allan ar y cae yn hyderus ein bod ni'n ddigon da i ennill y gêm ac ennill yn gymharol hwylus gyda'r math o rygbi ry'n ni'n ei chwarae,' oedd neges Warren Gatland. 'Pa gymhelliad sydd ei angen yn fwy na'r cyfle i chwarae yn rownd wyth olaf Cwpan y Byd? Ennill y gêm hon, a bydd cyfle i chi aros hyd at ddiwedd y gystadleuaeth.'

Mae Emyr am fanteisio ar ei gyfnod yn Seland Newydd, felly 'nôl â ni i Taupo eto heddi, diolch i haelioni'r swyddfa dwristiaeth leol. Cawn daith dŵr gwyllt mewn cwch jet a siwrnai mewn awyren fechan yn codi o'r llyn i gael gweld anferthedd Taupo o'r awyr. Mae'n gyfle i weld y modd y mae ardal Taupo yn manteisio ar ei hadnoddau naturiol i ddibenion twristiaeth, ac ar gynhyrchu egni o adnoddau *geothermal* naturiol. 'Nôl â ni eto i'r baddonau *geothermal* cyhoeddus i ymgeleddu. Ac o fwrlwm y bybls clywaf lais yn holi,

'Be wnawn ni fory 'te? Fe liciwn i fynd i bysgota.'

Mae Emyr wrth ei fodd ar lan afon, ac wedi iddo glywed am frithyll bywiog afonydd Seland Newydd doedd pysgota llyn ddim am wneud y tro.

Ffonio'r swyddfa dwristiaeth yn Hamilton wedyn, ond wedi tair galwad ffôn at bysgotwyr profiadol doedden ni fawr callach. Roedd y tri yn brysur trannoeth. Ffonio unwaith 'to a chlywed bod 'da nhw enw fferm lle cynhaliwyd elfennau o Bencampwriaeth Pysgota Plu y Byd 'nôl yn 2008.

Marciau llawn i Fwrdd Croeso Seland Newydd, oherwydd gyda dros 1,000 o newyddiadurwyr tramor yn ymweld â'r wlad dros gyfnod Cwpan y Byd, ynghyd â thua 1,000 arall yn chwaraewyr a gweinyddwyr, roedd hwn yn gyfle rhy dda i'w golli iddyn nhw. Ac maen nhw wedi gwneud yn fawr o'r cyfle. Mi fydd pobol yn siarad am Seland

Newydd mewn golau cwbwl wahanol ar ôl hyn, a go brin y bydd neb yn sôn amdani fel y wlad ym mhen draw'r byd, a siarad yn unig am ei rygbi a'i hamaethyddiaeth.

Dyma gadarnhau gyda'r ffarmwr ei bod hi'n iawn i ni bysgota'i afon fory. Dim problem, ac mae Emyr yn edrych ymlaen. Welais i neb, ar wahân i fochyn, yn cael ei gyffroi gymaint gan damed o ddŵr brwnt!

Yna dyma Emyr a finne'n teithio i fyny i Auckland heno ar gyfer sioe Martin Devlin. Sioe siarad am rygbi yw hi, gyda band byw Paul Uhlrich yn agor a chloi pob rhan o'r rhaglen. Mae Devlin ei hunan yn llinyn trôns o gyflwynydd mewn siwt, ac yn byw ar ei nerfau. Rhyw gyfuniad o Jonathan Ross a Chris Tarrant falle. Mae cyn-glo Lloegr, Martin Bayfield, a chyn-gapten Cymru, Michael Owen, yno hefyd ynghyd â Rory Lawson, mewnwr yr Alban, a Chris Jones o'r *London Evening Standard*.

Roedd agoriad egnïol i'r rhaglen, gyda fy enw i ar gerdyn o fy mlaen fel y gallwn ei ddal i fyny'n barod ar gyfer y cyflwyniad. A fydde'r hen gyfenw yna'n peri trafferthion eto? Na. Ynganiad perffaith gan Devlin, ac roedd 'da fe'r cwrteisi i egluro i'w gynulleidfa 'mod i'n sylwebu yn yr iaith Gymraeg ac i sianel benodedig Gymraeg yng Nghymru.

Sioe ysgafn a hwyliog a thipyn o dynnu coes gyda sgyrsie am obeithion y gwledydd ar y penwythnos, dyna oedd natur y rhaglen. Ond doedd dim amheuaeth pwy oedd y seren. Roedd y sioe yn symud 'nôl a blaen yn gyflym iawn, ac os oedd perygl i'r sgwrsio fod yn rhy ddifrifol, yna mi fyddai Devlin yn troi at bryfocio ac at greu ysgafnder.

Aeth yr awr heibio yn sydyn ac, wrth gwrs, roedd hi'n anochel y byddai yna alw rywbryd yng nghorff y rhaglen am air o Gymraeg. Ac fe ddaeth hynny yn y linc clo pan ofynnwyd i fi am obeithion Seland Newydd yn y gystadleuaeth. Roedd yna demtasiwn i gynnwys y geiriau 'tin' a 'Pharo' wrth ymateb, mae'n rhaid i fi gyfaddef, ond roedd chwerthin iach Emyr yn ddigon i awgrymu wrth weddill y gynulleidfa falle fod yr ymateb gafodd Devlin ychydig yn wahanol i'r hyn roedd e'n ei ddisgwyl!

Dydd Sadwrn, Hydref 1af

Ddoe fe gyhoeddodd Warren Gatland ei dîm i wynebu Fiji, a dyma gyfle i Emyr a finne baratoi blog ar gyfer gwefan S4C wrth edrych ymlaen at y gêm yn Stadiwm Waikato yn Hamilton fory. O wybod y bydd Iwerddon yn aros i wynebu Cymru yn y chwarteri ymhen wythnos, y cwestiwn roddes i i Emyr oedd ai tîm i drechu Fiji yw hwn neu oes yna un llygad ar y gêm yn erbyn Iwerddon.

Mae Emyr yn teimlo bod Gatland am arbrofi gyda chyfuniadau, ond rhaid cadw buddugoliaeth o fewn golwg hefyd. 'Dw i'n meddwl mai tamed bach o'r ddau yw e,' meddai wrth ateb. 'Mae'n amlwg bod yn rhaid iddo fe bigo ei dîm cryfaf, a rhaid iddo fe geisio ffeindio mas pa bartneriaeth sydd yn mynd i weithio orau gyda'i gilydd. Er 'mod i'n credu bod

hwn yn dîm cymharol arbrofol, wedi dweud hynny, mae e'n dîm digon da i faeddu Fiji.'

Roedd Gethin Jenkins wedi profi ei ffitrwydd yn erbyn Namibia, a'r modd y sgoriodd e'i gais o ddeugain llath yn profi hynny.

Bradley Davies sy'n dechrau yn hytrach nag Alun Wyn Jones.

'Mae Alun Wyn yn haeddu saib ar ôl chwarae mor dda. Mae hwn yn gyfle i Bradley Davies brofi ei hun unwaith eto – mae 'na gwestiynau wedi bod am y ffordd mae e'n cario'r bêl, a dyna'r rheswm pam mae e yn y tîm.'

Mae'r rheng ôl yn dewis ei hunan yn dilyn yr anaf i Dan Lydiate – Ryan Jones yn dechrau a Rhys Priestland unwaith eto'n faswr.

'Mae Rhys yn haeddu ei gyfle – dw i'n meddwl ei fod e'n chwaraewr cyflawn. Mae e wedi prifio ac wedi tyfu yn y ffordd mae e'n chwarae, ac mae e'n rheoli gêm, rhywbeth falle nad ydyn ni'n ei weld yn chwarae James Hook. Ond nawr ry'n ni'n sylweddoli mai hwn, efallai, yw maswr newydd Cymru wrth i Stephen ddod i ddiwedd ei yrfa.'

Mae Scott Williams i mewn ar draul Jonathan Davies, ac yn partneru Jamie Roberts yn y canol. Jamie yw'r cynta i gydnabod bod y bartneriaeth rhyngddo fe a Rhys Priestland yn datblygu, ond fe allwn ni weld Jamie yn safle'r canolwr tu fas. Dw i'n sylwi hefyd fod lluniau o Jamie Roberts yn ymddangos yn gyson yn ein heitemau ni. Ond wedyn, mae Gruff y cynhyrchydd yn driw iawn i'w hen bartner o ddyddiau ysgol yng Nglantaf.

'Mae'r bartneriaeth yn blodeuo, ond gyda safle'r canolwr dyw rhif ar grys yn golygu dim erbyn hyn, yn enwedig o gofio sut mae'r gêm fodern yn mynd rhagddi heddi. Felly, synnwn i ddim weld Jamie Roberts yn dod i mewn i safle'r canolwr tu mewn, a Scott Williams yn symud mas. Ond mae Williams yn haeddu ei gyfle oherwydd fe chwaraeodd e'n eithriadol o dda yn erbyn Namibia a falle nad yw Jon Davies ar ei orau ar hyn o bryd.'

Dyma finne'n awgrymu wrth Emyr eto taw cyfansoddiad y rheng flaen oedd yn peri pryder ar ddechrau Cwpan y Byd, ond erbyn hyn taw'r tri ôl yn y cefnwyr sy'n achosi'r pryder mwya. Gyda Shane Williams wedi'i anafu ac yn cael saib er mwyn ei gadw gogyfer â'r gêm yn erbyn Iwerddon, mae yna gyfle i Lee Byrne.

'Dw i'n credu bod yr asgellwyr yn pigo'u hunain,' medde Emyr. 'Y broblem fwya yw pwy maen nhw'n 'i bigo fel cefnwr. Dw i ddim yn credu bod llawer o ffydd 'da nhw yn Lee Byrne ar y funud, ond, oherwydd bod Brew a Shane Williams yn diodde o anafiadau, mae'n rhaid iddyn nhw bigo Lee Byrne fel cefnwr ar gyfer y gêm hon. Mewn sefyllfa ddelfrydol bydde'n well ganddyn nhw gael Halfpenny'n chwarae yn y safle hwnnw er mwyn iddo ennill mwy o ffydd a hyder ynddo fe'i hunan.'

Gyda'r dyletswyddau swyddogol drosodd, bant

Geifr Glantaf

â'r ddau ohonon ni wedyn am lan yr afon. Ond dyw hi ddim yn edrych yn addawol pan â'r ffarmwr â ni i gasglu'r tacl o'i garej. O bedair gwialen, mae dwy yn gyfan ac yn lled dderbyniol. Bocs o *spinners* wedi gweld dyddiau gwell. 'Dewiswch eich *gumboots*,' meddai. Dau bâr a'r rheiny yn ddom da trostynt. Dim ond un pâr oedd yn rhyw led ffitio traed yr wythwr. A fy rhai inne? Wel, mae hi'n amlwg bod y cyn-ddeiliaid wedi dod ar draws weiren bigog neu ddwy.

Wrth i ni wneud y siwrnai ar gefn y beic cwad ar draws y dolydd i fan cyfleus ar lan yr afon, rwy'n cael cyfle i ofyn i'r ffarmwr ifanc am ei ddull o ffermio. Ffermio cyfrannol – *share farming* – yw'r drefen. Y perchennog yn darparu'r tir a'r cyfalaf, ac yntau, yn ffermwr ifanc ddaeth draw o Dde Affrica, yn berchen ar fuches o ryw 250 o wartheg. Rwy'n sylwi eto fan hyn bod nifer o wartheg Jersey a Guernsey yn eu plith. Caf gadarnhad bod ffermwyr llaeth Seland Newydd yn gwneud yn dda iawn ar hyn o bryd. Ond ddim yn ddigon da i brynu dau bâr o welingtons deche i bysgotwyr chwaith!

Ry'n ni'n cyrraedd glan yr afon ac mae Emyr wrth ei fodd, fel crwt bach wedi dod o hyd i'w bidlen am y tro cynta!

Wrth i finne geisio atgoffa fy hunan nad ydw i'n gwbwl ddieithr i'r gamp, mae Emyr wedi dala'i bysgodyn cynta. Mi fyddwn i'n fwy na balch o'i gadw i'r ffreipan. Ond wedyn mae blaenoriaethau pysgotwr o fri yn gwbwl wahanol i eiddo rhywun sydd yn rhoi ei stumog a'i fola o flaen pob ystyriaeth arall. Magwrfa'r Mans yn y 50au a'r 60au mae arna i ofan!

Emyr wedyn yn dal brithyll gwerth ei alw'n bysgodyn. Fawr o siâp arna i.

'Castia i fan draw.'

'Cadw flaen dy wialen i lawr.'

Mae hwn am fod yn brynhawn hir!

Aeth hanner awr, neu falle dri chwarter awr, hesb heibio ac yna'n sydyn, a finne'n meddwl bod y bachyn wedi'i ddal o dan garreg neu chwyn neu bren, dyma fflach loyw o arian yn torri crych yn y dŵr.

'Cadw dy wialen lan.'

'Paid â'i golli fe.'

'Cymer bwyll.'

Ac ymhen dwy funud sy'n teimlo'n fwy fel hanner awr, daethpwyd â'r pysgodyn perta welais i erioed i'r lan. Ac roedd e'n fwy na'r un a ddaliodd Emyr! Rhyw ddau bwys o frithyll braf.

Symud i fyny'r afon o bwll dwfn i bwll dwfn a ffrydiau cyflym o ddŵr croyw. Pysgodyn arall i Emyr; un mwy eto i fi. Emyr yn mynd ymhellach i fyny'r afon. Roedd gyda ni bedwar brithyll braf yn y cwdyn. Rwy'n dechrau mwynhau fy hunan, a hynny'n gwbwl groes i'r disgwyl.

Llais o rywle yn y pellter:

'Ble wyt ti? Dere draw fan hyn, Moc Morgan!'

Roedd yna dipyn o hwyl erbyn hyn a'r cyfeillgarwch yn blodeuo. Ond roedd cyrraedd fy nghyd-bysgotwr yn gofyn am antur drwy'r drysni a'r mieri, y rhedyn a'r coed mân, a hynny ar dir serth i fyny o lan yr afon. Doedd dim ffordd 'nôl na blaen, neu felly roedd hi'n ymddangos. Gweld ôl traed 'Livingstone' Lewis yn y pridd, ond nid cyn i fi sylweddoli bod y cwdyn plastig, gyda'n swper ni ynddo, wedi dechrau rhwygo a chynffon un o'r pysgod yn hongian mas. Diolch i'r drefn roedd gen i gwdyn arall wrth law a dyma roi un cwdyn yn y llall.

'Nôl at waith y dydd ac Emyr yn dal pysgodyn arall a'i roi yn y cwdyn.

'Ti 'di colli un. Dim ond tri pysgodyn sy fan hyn.'

'Ti'n tynnu 'ngho's i!'

Ond yn wir, ac yn ddiarwybod i fi, roeddwn i wedi colli un o'r pysgod yn ystod fy antur drwy'r prysgwydd, a daeth y tarw yn yr wythwr i'r golwg am funud neu ddwy. Ond fe wnaeth y digwyddiad hwnnw roi gwedd newydd i'r stori am y pysgodyn wnaeth ddianc a dod â gwên i'n hwynebe ninne.

Roedd pwysau nawr arna i i adfer fy hunan-barch fel pysgotwr, ac i gynnal enw da Moc Morgan. Ymhen dim dyma bysgodyn arall ar y bachyn. Bydde Moc wrth ei fodd!

Barbeciw heno. Mae Emyr y tarw yn Emyr y *chef* nawr, ac roedd blas arbennig ar y brithyll, yn enwedig yr un mwya ohonyn nhw i gyd! Ry'n ni'n gwylio'r gêm rhwng Lloegr a'r Alban ar y teledu, ond golygfa ryfedd yw gweld Archentwr yn bloeddio'i gefnogaeth i dîm rygbi Lloegr. Ar y chwiban olaf, a Lloegr yn trechu'r Alban o 16 i 12, roedd ein dyn camera, yr hoffus Diego Sosa, ar ben ei ddigon achos roedd hynny'n golygu bod ei gydwladwyr drwodd i rownd yr wyth olaf. Mi fydd William Webb Ellis, serch hynny, yn troi yn ei fedd; dyna un Sais wnaeth redeg gyda'r bêl!

Ond heb os, sioc fwya'r gystadleuaeth ac o bosib y sioc fwya yn hanes Cwpan y Byd oedd Tonga yn trechu Ffrainc o 19 i 14. Diweddglo anrhydeddus i ymgyrch Tonga a gwobr haeddiannol i'w cefnogwyr brwd am eu teyrngarwch. Y Ffrancwyr yn sobor o sâl eto; eu hail golled, ond eto maen nhw'n cael eu hunain yn rownd yr wyth olaf i wynebu Lloegr. Does 'na'r un tîm wedi symud ymlaen i'r rowndiau terfynol ar ôl colli dwy gêm grŵp. Mi fyddan nhw'n wynebu Lloegr yn rownd yr wyth olaf gyda'r buddugwyr i gyfarfod naill ai Cymru neu Iwerddon yn y rownd gynderfynol.

Mae Gruff yn dal i olygu eitemau ar ei gyfrifiadur ynghanol y rhialtwch. Mae danfon lluniau 'nôl i Gymru dros y we fyd-eang trwy gyfrwng cyfrifiadur yn rhad mae'n siŵr, ond mae'n cymryd oes a does dim munud i'w cholli. Ond wedyn be wn i?

Dydd Sul, Hydref 2il

Wedi i Dde Affrica drechu Samoa 13–5 mewn gêm glos neithiwr, mae hynny'n golygu bod Cymru bron yn saff o'u lle yn rownd wyth ola'r gystadleuaeth. Rhaid i Fiji gael pwynt bonws a bron i ddeugain o bwyntiau i'n gorfodi ni'r Cymry i redeg am gyfrifiannell.

Mae'r Cymro Nigel Owens, serch hynny, yn y papurau y bore yma wedi iddo anfon cefnwr Samoa, Paul Williams, oddi ar y cae am daro Heinrich Brüssow, chwaraewr rheng-ôl De Affrica, yn ei wyneb. Fe orffennodd yr Ynyswyr y gêm gyda dim ond pedwar dyn ar ddeg ar y cae. Doedd dim dewis gan Nigel mewn gwirionedd wedi i'r dyfarnwr cynorthwyol, Stuart Terheege o Loegr, ddefnyddio'r gair 'taro' wrth ddisgrifio'r hyn a wnaeth Paul Williams, er nad oedd hi'n ddim mwy na slap ar draws wyneb Brüssow mewn gwirionedd.

Mae tipyn o gystadleuaeth rhwng y dyfarnwyr am gael eu dewis i ddyfarnu'r gêmau mawr erbyn hyn, a does yr un yn fwy na rownd derfynol Cwpan y Byd. Mi fydd mwy o bwysau ar y dyfarnwyr, felly, i wneud y penderfyniadau cywir, a'r pwyslais, mae'n ymddangos, yn symud tuag at y dyfarnwyr hynny sy'n medru rheoli gêm. Rwy'n teimlo bod mwy o bwyslais bellach ar hynny yn hytrach na bod yn dechnegol gywir. Pwy fydd yn debygol o ennill ffafriaeth? Mae Nigel yn y ffrâm.

Paul Williams yn gweld coch

Cymru 66–0 Fiji

Yn ôl i stadiwm gyfarwydd Hamilton – erbyn hyn – y prynhawn yma, ac o'r eiliad y torrodd Jamie Roberts trwy amddiffyn Fiji wedi i Gymru ennill lein ar ôl chwe munud am y cynta o'i ddau gais, roedd rhywun yn synhwyro bod coten i ddod i'r Ynyswyr. Roedd y Cymry yn gryfach ymysg y blaenwyr a nhw eto reolodd ardal y dacl. O ganlyniad, fe ddaeth y pwynt bonws cyn yr egwyl gyda chais haeddiannol i'r capten Sam Warburton.

Yn y cysgodion y bu Fiji am y rhan fwyaf o'r hanner cynta gyda Rhys Priestland yn amseru ei bas yn berffaith i ryddhau'r chwaraewyr tu fas.

Y ddau i elwa oedd Scott Williams, a groesodd o hanner can metr, a George North unwaith eto'n gorffen symudiad campus.

Rwy'n dal llygad John Kirwan yn y pwynt sylwebu drws nesaf yn ystod yr egwyl. Roedd Kirwan yn un o sêr Seland Newydd ym mlwyddyn eu Cwpan Byd nhw ym 1987, ac mae wastad yn barod am sgwrs. Dyma fi'n ysgrifennu enw'r asgellwr ifanc o Langefni 'GEORGE NORTH?' yn frysiog mewn llythrennau bras ar ddarn o bapur a'i ddal i fyny i Kirwan. Hwnnw'n ymateb gan ddal bys a bawd i fyny i awgrymu bod North yn chwaraewr arbennig iawn, cyn dod draw am sgwrs.

'Mate, he's special. He accelerates into a tackle – against big Fijians. Low centre of gravity. Fearless.'

Dyna'r union atgof sy gen i o Kirwan ei hunan, a'r cais hwnnw yn erbyn yr Eidal o un pen y cae i'r llall yng Nghwpan y Byd yn '87.

Doedd 'na ddim llaesu dwylo yn yr ail hanner chwaith a neb yn meiddio meddwl am rownd yr wyth olaf. Aeth Roberts a Leigh Halfpenny â Chymru dros yr hanner can pwynt cyn i'r eilyddion Lloyd Williams a Jonathan Davies groesi yn rhy hawdd i sicrhau'r fuddugoliaeth fwyaf erioed yn erbyn Fiji. Naw cais i gyd mewn cyfanswm o 66 i 0.

George, seren y gêm. 'Ma'r ceffyl mas o'r stabal!'

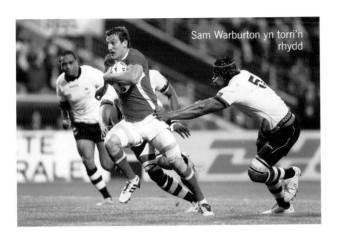

Sam Warburton yn torri'n rhydd

Leigh Halfpenny ar fin glanio

Rwy'n cael y teimlad am y tro cynta y gall y tîm yma fynd yr holl ffordd i'r rownd derfynol. Mae yna galedwch meddwl nas gwelais i o'r blaen, ynghyd â'r caledwch corfforol a feithriniwyd dros ddau gyfnod yn y Ganolfan Olympaidd yng Ngwlad Pŵyl. Rhaid peidio ag anghofio, wrth gwrs, y dalent naturiol y mae Warren Gatland a'i gyd-hyfforddwyr wedi llwyddo i'w harneisio a'i datblygu. Mae'n help hefyd, wrth gwrs, bod y chwaraewyr yn cael chwarae teg i baratoi, yn dilyn cytundeb rhwng yr Undeb a'r rhanbarthau i ryddhau chwaraewyr i'r garfan ryngwladol.

Syndod oedd deall gan y capten, Sam Warburton, i Gymru orffen y gêm gyda dim ond pedwar chwaraewr ar ddeg; fe'i tynnwyd e oddi ar y cae ryw wyth munud cyn y chwiban olaf â'r holl eilyddion eraill eisoes ar y cae. Doedd dim arwydd o'r ystlys bod hyn wedi digwydd ac fe fethodd y cynhyrchydd teledu â sylwi ar y weithred. Fe wnaed hynny'n fwriadol er mwyn gweld sut y byddai Cymru'n ymdopi tasen nhw'n digwydd, ar ryw adeg mewn gêm, bod mewn sefyllfa o'r fath!

Syndod mwy fyth oedd clywed gan un chwaraewr ar ôl y llall mewn cyfweliadau wedi'r gêm, Rhys Priestland, George North a Shane Williams yn eu plith, fod yna lefydd i wella eto ar y perfformiad yn erbyn Fiji. Rwy'n rhoi'r pwyntiau yma i Warren Gatland, a rhaid 'mod i'n swnio'n negyddol iawn wedi i Gymru sicrhau buddugoliaeth mor swmpus oherwydd fe ges i rybudd yn ddiweddarach y noson honno, yn ôl yng ngwesty tîm Cymru, i gadw draw oddi wrth yr hyfforddwr cenedlaethol gan nad oedd e'n hapus o gwbwl gyda'r modd yr holais i fe.

Rown i'n fwy na hapus i ymddiheuro os oedd angen.

'Na, gad e heno. Daw cyfle eto,' oedd y cyngor ges i.

Wrth ailfeddwl dros y cwestiynau a holais, o gofio'r hyn roedd y chwaraewyr wedi'i ddweud, roedden

69

nhw'n berthnasol. Falle dylwn i fod wedi bod yn fwy hael fy llongyfarchiadau, ond dyma enghraifft o ba mor fanwl y caiff popeth sy'n ymwneud â'r tîm ei feicroreoli bellach.

Meddwl yn nhermau teledu wnes i, ac y byddai'r cyfweliad yn cael ei dorri i mewn i atebion y chwaraewyr. Ond ta waeth, roedd y niwed wedi'i wneud mae'n debyg. Mae Mark, Emyr a finne'n mynd am gyrri, ond dydw i'n cael fawr o flas ar hwnnw, ac rwy'n cofio'n sydyn 'mod i wedi addo cyfarfod â ffrindiau o ardal Crymych wedi'r gêm. Roedd honno'n fwy o siom.

Ond wir, ar y ffordd 'nôl o'r bwyty, pwy welwn i'n cerdded tuag aton ni ond Eurfyl Lewis mewn gwasgod Draig Goch, Nigel Vaughan a Peter Lewis, y cyfeillion o Grymych rown i wedi trefnu eu cyfarfod. Aeth y sgwrs yn ddifyr ac anghofiwyd am y diflastod. Rown i wedi cyfnewid negeseuon ar Facebook yn gyson gydag Eurfyl a Nigel ond doeddwn i heb weld Peter, Peter

Mark Dennis a Dai Williams mewn hwyliau da

Pantygwyddyl i fi, ers blynyddoedd. Diolch byth bod palmentydd Hamilton yn rhai llydan oherwydd tasen ni'n dau'n cyfarfod ar y stryd yng Nghrymych bydde'n rhaid i un ohonon ni gamu i'r hewl. Mae'r blynyddoedd wedi bod yn garedig wrth y ddau ohonon ni!

Roedd y tri amigo wedi cael taith fythgofiadwy ers gêm Samoa: gwibdaith i lawr i Ynys y De, a 'nôl eto o gwmpas Ynys y Gogledd, gan adael argraff dda o Gymru ar eu holau yn ddiddadl. Buaswn i wrth fy modd yn teithio gyda'r tri ohonyn nhw ac mae un peth yn sicr, tasen i'n chwarae gêm lawn yn erbyn y Crysau Duon, fyddai fy ochrau i ddim yn fwy tost – ond gan chwerthin!

Dydd Llun, Hydref 3ydd

Rhaid oedd ffarwelio ag Emyr a Dai Williams y dyn camera y bore yma. Mae Emyr ar ei ffordd adre, ond mae'n wên o glust i glust wrth feddwl am antur arall cyn iddo ddringo i mewn i'r awyren. Mae Delyth Morgan wedi trefnu i Casey, ei gŵr, fynd ag e mas i bysgota môr oddi ar arfordir Ynys Waiheke ger Auckland, lle mae yna bysgod mawr yn ôl y sôn. Be wnaiff e hebddo i?

Taith chwe awr mewn car sy'n fy aros i, Russell, Gruff a Diego, y dyn camera o'r Ariannin, y bore 'ma. Mae pawb mewn hwyliau da gan y bydd yr Ariannin a Chymru yn rownd yr wyth olaf. Mi fydd y pwysau'n siŵr o gynyddu ar y tîm cynhyrchu nawr. Wedi'r cyfan, mae teledu yn anifail trachwantus iawn.

Heb amheuaeth, mae'r diddordeb yn nhîm Cymru wedi cynyddu, a fydd 'na ddim lle i guddio o hyn ymlaen, gyda sawl un nawr yn darogan y gall Cymru gyrraedd rownd derfynol y Bencampwriaeth. Ydi, mae Cymru, a Chymro hefyd, yn y penawdau'r bore 'ma.

Roedd y dyfarnwr o Gymro, Nigel Owens, yn taro 'nôl yn dilyn sylwadau gan Eliota Fuimaono-Sapolu, canolwr dadleuol Samoa, ar Facebook a Twitter yn ei gyhuddo o fod yn dwyllwr ac yn hiliol. Mae'r cyhuddiadau'n deillio o'r gêm rhwng Samoa a De Affrica nos Sadwrn pan ddangosodd Owens y cerdyn coch i Paul Williams, cefnwr Samoa. Byrdwn cwyn y canolwr yw na ddylsai Owens fod yn dyfarnu gan y gallai canlyniad y gêm benderfynu tynged Cymru yn y Bencampwriaeth.

Ddydd Gwener gorfu i Fuimaono-Sapolu ymddiheuro i drefnwyr Cwpan y Byd am gymharu amserlen annheg y gystadleuaeth â'r Holocost, ac yn awr dyma fe'n cyhuddo Owens o wneud penderfyniadau a sicrhaodd fod De Affrica, trwy ennill y gêm, yn symud ymlaen yn y gystadleuaeth a'i dîm e, Samoa, yn troi am adre.

Fe ddenodd cyhuddiadau'r canolwr gyfraniadau enllibus ar Facebook a Twitter yn ôl y sôn, ond dyma Owens – yn ddidwyll ac yn ddewr iawn – yn mynd ar y rhwydweithiau cymdeithasol ei hunan i ateb y cyhuddiadau.

'Dyna'r gêm anodda i fi ei dyfarnu erioed. Fe wnes i 'ngore a does gen i ddim rheswm dros fod yn edifar,' meddai'r Cymro.

'Dw i'n mynd allan i ddyfarnu pob gêm gyda'r bwriad o fod yn deg ac yn onest, fel y cefais i fy magu i wneud. Dw i ddim yn berffaith ac mi fydda i'n gwneud camgymeriadau o bryd i'w gilydd. Mi wna i gyfadde pan fydd hynny'n digwydd, ac os bydd yn rhaid i fi, mi wna i hynny heb edifarhau. Ond dw i ddim yn hiliol na chwaith yn dwyllwr.

'Y fi fyddai'r person olaf i fod yn hiliol. Dw i'n hoyw ac yn gwybod yn iawn beth yw bod ymysg y lleiafrif. Dylsai'r chwaraewr fod wedi gwneud yn siŵr o'i ffeithie cyn mynegi barn. Diolch yn fawr.'

A thra bydd Fuimaono-Sapolu yn paratoi ei amddiffyniad nesaf i'r Bwrdd Rygbi Rhyngwladol, mi ddylai gofio taw'r Bwrdd Rygbi Rhyngwladol dalodd am ei holl gostau i deithio i Seland Newydd, am ddillad a chit ei dîm, am ei lety a'i fwyd, am olchi ei ddillad brwnt, a hefyd am y ganolfan ddatblygu rygbi newydd sbon yn Apia, prifddinas Samoa, lle gwnaeth yr Ynyswyr eu paratoadau munud olaf ar gyfer Cwpan y Byd.

Daw cadarnhad taw Nigel Owens fydd yn cymryd gofal o'r gêm rhwng Seland Newydd a'r Ariannin, a thaw Craig Joubert fydd yn dyfarnu'r gêm rhwng Cymru ac Iwerddon yn yr wyth olaf.

Wedi sioc fwya'r gystadleuaeth hyd yn hyn, pan drechodd Tonga y Ffrancwyr nos Sadwrn yn Wellington o 19 i 14, fe fydd tipyn o ddiddordeb yn y gêm rhwng Lloegr a Ffrainc yn rownd yr wyth olaf, gêm y dylai'r Saeson ei hennill o ystyried perfformiadau Ffrainc hyd yma. Fel y soniais i, bydd enillwyr y gêm honno yn cyfarfod â naill ai Cymru neu Iwerddon yn y rownd gynderfynol.

Does 'na'r un tîm wedi symud ymlaen i'r rowndiau terfynol ar ôl colli dwy gêm grŵp. Ond gyda'r Ffrancwyr, wyddoch chi byth!

Dydd Mawrth, Hydref 4ydd

Diwrnod tawel heddi er mwyn casglu gwybodaeth am ddigwyddiadau'r penwythnos ac i edrych ymlaen at benwythnos y chwarteri. Rwy'n dethol papurau newydd, heb anghofio gwneud 'chydig o olch cyn y bydd Gwyneth yn cyrraedd fory!

Clywed ar y radio fod lladradau ar ffermydd llaeth yn broblem mewn mannau ar Ynys y Gogledd. Dydw i ddim yn rhyw ryfeddu clywed hynny oherwydd mae'n broblem yng Nghymru hefyd. Ond y rhyfeddod yw nad peiriannau ac offer neu feiciau cwad yw targed y lladron yn y fan yma ond, yn hytrach, llaeth.

Fe sylwodd ffermwyr yn ardal y Waikato fod y siec laeth yn brin, a mynd ati i herio hufenfa Fonterra i weld oedd yna broblem yn ymwneud â'r tancer casglu. Bryd hynny y sylweddolwyd bod lladradau yn digwydd a bod rhai ffermwyr wedi colli hyd at 600 litr dros y pythefnos diwethaf. Rhaid bod y lladron yn gyrru i mewn i ffermydd, gan amlaf i'r rhai hynny sydd ar ben draw lôn ddiarffordd, ac yn defnyddio pwmp a thanc ar gefn tryc i bwmpio am ugain munud cyn gyrru i ffwrdd.

Mae cwmnïau llaeth yn y Waikato yn casglu ddydd a nos, felly does dim modd rhoi clo ar y tanc, sy'n golygu bod ffermydd llaeth yn dargedau hawdd. Pam llaeth? Wel, i fwydo lloi, yn ôl y sôn, am fod pris llaeth mor uchel. A beth mae hynny'n ei awgrymu am bwy sydd yn gyfrifol?

Mae'r ffermwyr bîff yma ar ben eu digon, gan eu bod yn sylweddoli bod sychdwr yn nhaleithiau canolbarth yr Unol Daleithiau wedi gorfodi ffermwyr i waredu stoc a bod hynny wedi gostwng pris cig eidion. Yn ystod y ddwy neu dair blynedd nesaf bydd prinder yn America a bwlch i ffermwyr Seland Newydd ei lenwi.

Twpsyn yr wythnos yn ôl y *New Zealand Herald*? Na, nid Elioto Fuimaono-Sapolu, ond yn hytrach y bachan wnaeth ddweud wrth Dan Carter, maswr y Crysau Duon, 'Fentra i na elli di gicio'r bêl rhwng y pyst o'r fan hyn!' Daw hynny yn sgil cadarnhad bod Dan Carter, maswr ysbrydoledig y Crysau Duon, wedi gorymestyn wrth ymarfer ei gicio ddydd Sadwrn ac y bydd e allan o'r gêm am rai misoedd. Fydd e ddim ar gael i'r Crysau Duon, felly, am weddill y gystadleuaeth. Sôn am alaru cenedlaethol! Gallwn dyngu, yn ôl y papurau, fod y digwyddiad o faintioli y daeargryn a ysgydwodd Christchurch hyd at ei seiliau ym mis Chwefror. Fel mae'n digwydd, roedd Carter yn stafell newid y Crusaders yn Christchurch pan darodd y ddaeargryn, a bu'n rhaid iddo fe a chwaraewyr eraill ddianc am eu bywydau yn llythrennol.

Dydd Mercher, Hydref 5ed

Gwyneth yn cyrraedd, ond dyw Gatland ddim yn mynd i unlle yn ôl Roger Lewis, Prif Weithredwr Undeb Rygbi Cymru. Ond gan fod Cymru yn y chwarteri ac yn chwarae rygbi sydd gyda'r mwya deniadol yn y gystadleuaeth a Graham Henry yn dod i ddiwedd ei lywyddiaeth dros y Crysau Duon, mae cryn ddamcaniaethu yma yng Ngwlad y Cwmwl Hir Gwyn ynghylch pwy fydd ei olynydd. Mae Warren Gatland wedi denu sylw cynyddol yn Seland Newydd yn dilyn perfformiadau graenus Cymru yn ystod yr wythnosau diwethaf, ond heddi dyma Roger Lewis yn manteisio ar y cyfle i atgoffa'r byd a'r betws y bydd Gatland yn aros gyda Chymru tan ar ôl Cwpan y Byd yn 2015.

Os yw'r sïon i'w credu, allai Undeb Rygbi Seland Newydd ddim fforddio cyflog newydd Gatland am y pedair blynedd nesaf beth bynnag. Awgrymodd Steve Tew, Prif Weithredwr Undeb Rygbi Seland Newydd, bod yn rhaid ailedrych ar sut y caiff y gacen fasnachol ei rhannu yn dilyn y gystadleuaeth neu ni fydd y Crysau Duon yn gallu teithio i Loegr ar gyfer Cwpan y Byd yn 2015. Fel y dwedodd rhywun rywdro, 'Sgersli bilîf!'

Daw cadarnhad heddi y bydd Shane Williams, James Hook a Dan Lydiate ar gael i wynebu'r Gwyddelod ac mae hynny'n hwb sylweddol i Gymru. Mae dyfalbarhad Dan Lydiate yn benodol wedi bod yn rhyfeddol, fel y soniais. Yn dilyn yr anaf yn erbyn Samoa, câi ei ddeffro bob dwyawr er mwyn rhoi cwdyn o rew ar ei figwrn. Yna, ar ôl i'r chwydd ddiflannu, codai bob dwyawr i redeg i fyny ac i lawr grisiau'r gwesty i gryfhau'r bigwrn. Bythefnos yn ôl roedd e o fewn y dim i gael ei anfon adre a dyma fe'n barod unwaith eto i gymryd ei le yn y rheng ôl. Dyma enghraifft arall o'r paratoi manwl a thrylwyr fu ar y chwaraewyr yn gorfforol ac yn feddyliol ar gyfer y gystadleuaeth anoddaf a'r fwyaf cyffrous yn eu gyrfaoedd hyd yn hyn.

Mae cryn sôn wedi bod am y ddau ymweliad â Chanolfan Olympaidd Spala yng Ngwlad Pŵyl, a daw cyfle heddi i ymchwilio ymhellach i effaith a chanlyniadau'r sesiynau sydd wedi galluogi tîm Cymru i gystadlu drwy gydol yr 80 munud yn y gêmau paratoi ac yma yn Seland Newydd. Yn ganolog i'r ymarfer mae'r cryosiambr – rhewgell i bob pwrpas – lle mae'r chwaraewyr yn dioddef tymheredd o hyd at 130 gradd canradd o dan y rhewbwynt am gyfnodau o dair i bedair munud ar y tro gyda dim ond dilledyn priodol i amddiffyn rhannau llaith y corff a chlocs pren am eu traed.

Ar dymheredd mor isel bydd unrhyw ran o'r corff nad yw'n sych gorcyn yn debygol o rewi'n gorn ac yn boenus tu hwnt. A heb glocs pren gallai croen y traed gael ei rwygo i ffwrdd a glynu wrth lawr y rhewgell.

Mae'r gair 'cryo' ei hunan yn dod o'r iaith Roeg ac yn llythrennol yn golygu 'iasoer'. Dim syndod i Sam Warburton ddisgrifio'r cryosiambr fel 'sauna felltigedig'. Ond yr hyn sy'n llesol amdano yw ei fod, wrth ostwng tymheredd y corff mor isel, yn twyllo'r corff i gredu ei fod am drengi. Yn y cyflwr hwnnw, yn ôl y gwyddonwyr, mae'r gwythiennau yn agor i ryw deirgwaith eu maint arferol sy'n caniatáu i'r gwaed lifo i wyneb y croen. O ganlyniad i hyn bydd y corff yn atgyfnerthu ac unrhyw archoll ar y croen yn gwella'n gynt.

Yr effaith tymor hir, serch hynny, a berswadiodd Warren Gatland i fynd â'i garfan lawn i Wlad Pŵyl fel y gwnaeth e gyda'r Wasps cyn hyn. Gall cryotherapi ganiatáu i fabolgampwyr ymarfer yn hwy a chyda mwy o ddwyster. Hyn yw'r apêl, a'i gyfrinach hefyd, ac mae'r canlyniadau wedi bod yn amlwg iawn yn Seland Newydd, gyda Gatland yn datgan taw dyma'r garfan fwyaf ffit erioed i gynrychioli Cymru.

Gwrando ar hyfforddwr cicio Cymru, Neil Jenkins, y prynhawn yma'n trafod y gêm yn erbyn Iwerddon, a dyw e ddim yn twyllo'i hunan ynghylch yr hyn y gallwn ni ei ddisgwyl:

'Ry'n ni'n chwarae Iwerddon flwyddyn ar ôl blwyddyn, ac ry'n ni'n gwybod pa mor galed a chorfforol ydyn nhw fel tîm. Yn anffodus, fe fydd hi'n gêm glos – ac fe allai hi fynd y naill ffordd neu'r llall.'

Ac wrth groesawu'r newydd fod James Hook, Dan Lydiate a Shane Williams yn holliach ychwanegodd,

'I fi, mae'r tri chwaraewr hyn gyda'r gorau yn y byd yn eu safleoedd.'

Mae Jenkins, prif sgoriwr pwyntiau Cymru erioed, yn cydnabod hefyd bod Stadiwm Wellington, y Cake Tin, yn un o'r llefydd anoddaf i giciwr. Mae'r gwynt yn chwyrlïo o gwmpas yn hytrach na chwythu o un cyfeiriad a bydd yn rhaid cadw un llygad ar y tywydd unwaith eto'r penwythnos yma.

Mae Gwyneth yn setlo i mewn, ac ro'n i'n sobor o falch i'w gweld hi. Nid yn aml y byddwn ni'n cael cyfle i deithio gyda'n gilydd, ond nawr, gan ei bod hi wedi ymddeol, falle daw mwy o gyfleoedd. Mae'r ddau ohonon ni'n edrych ymlaen at gael gwyliau ar Ynys y De a threulio 'chydig ddyddiau yn Fiji cyn dychwelyd adre. Mi fydd y diwrnodau nesa'n brawf ar stamina'r ddau ohonon ni, serch hynny. Gan fod y llety ar dop y rhiw serth yn Lawson Place, rhyw hanner milltir o ganol dinas Wellington, bydd gofyn am droed sicr a gwaed gafr fynydd i gyrraedd adre'n ddiogel.

A sôn am y Cake Tin, mae Sam Warburton, capten Cymru, heddi yn dathlu ei ben-blwydd yn dair ar hugain oed. Roedd tafell o gacen, a honno'n dafell denau hefyd, yn ddigon iddo fe a'i gyd-chwaraewyr, ond doedd y tîm rheoli ddim mor ddarbodus. Dyna beth yw ymroddiad, ac aberth hefyd!

Dydd Iau, Hydref 6ed

Heddi mae Warren Gatland yn cyhoeddi ei dîm i herio Iwerddon yn rownd yr wyth olaf.

Does dim syndod gweld Dan Lydiate yn dechrau gan ei fod e wedi ymarfer yn dda yn ystod yr wythnos. Mae'n drueni, serch hynny, bod ei dad a'i fam, John a Lynne, wedi gorfod dychwelyd adre i'r ffarm ger Abbeycwmhir ddechrau'r wythnos, pan oedd hi'n edrych yn amheus a fydde 'da Dan unrhyw siawns o ddechre yn erbyn Iwerddon.

Trwy ddewis Rhys Priestland a Leigh Halfpenny, mae Gatland wedi glynu wrth chwaraewyr sydd yn chwarae ar eu gore, yn hytrach na chymryd y llwybr saff fel y byddai sawl hyfforddwr arall yn cael ei demtio i'w wneud dan amgylchiadau tebyg. O'r herwydd, does dim lle i Stephen Jones gyda'i 102 o gapie erbyn hyn, na chwaith i Lee Byrne, er bod y ddau yn Llewod. Mae dewis Priestland a Halfpenny yn fentrus ond yn awgrymu'n fwyfwy bod Cymru am ymosod yn y gêm yn erbyn Iwerddon ac am sgorio ceisiau. Mae Cymru wedi chwarae rygbi ymosodol a deniadol hyd yma yn y gystadleuaeth, felly pam dylen nhw newid y patrwm nawr?

Wyth cap mae Priestland wedi'u hennill ond yn sydyn fe yw'r dewis cynta, ac ynte wedi bod yn drydydd dewis y tu ôl i Stephen Jones a James Hook wrth gyrraedd Seland Newydd. Yn ôl yr ystadegau does 'na'r un maswr yn y gystadleuaeth wedi rhedeg â'r bêl yn ei ddwylo yn fwy na Priestland. Gyda Sam

Yr 'Arglwydd' Rhys

Warburton yn ddolen gyswllt effeithlon tu hwnt, yn sgwlca'r bêl o dan drwyn y gwrthwynebwyr, y peth naturiol felly yw dewis Priestland, gan ei fod yn rhyddhau'r bêl yn gynnar i Jamie Roberts, er mwyn i hwnnw greu dinistr yng nghanol cae.

Llwydda Priestland i gyfathrebu'n dda mewn cynhadledd i'r wasg hefyd, ac mae e'n taro rhywun fel gŵr ifanc cwbwl hunanfeddiannol nad yw'n byw ar ei nerfau. A dyna dw i'n meddwl mae Gatland yn ei edmygu ynddo. Eto, yn ôl y sôn, mae hi'n anodd chwarae yn ei erbyn oherwydd ŵyr neb wrth edrych ar osgo'i gorff a'i ymarweddiad beth mae e am ei wneud nesaf. Dyna sy'n rhoi'r hanner eiliad ychwanegol, allweddol i'r chwaraewyr tu fas.

Ond cefnwr yn hytrach na maswr oedd arwr bore oes Priestland, a hynny oherwydd ei ddawn i ymosod. Wrth gwrs, pan ddeallodd y wasg yn Seland Newydd taw Christian Cullen oedd y cefnwr hwnnw, yna roedd gan y maswr ifanc o Landeilo ragor o edmygwyr.

Caiff Gwyneth a finne fynd i swper at Keith ac Ann Quinn heno yn eu fflat yng nghanol y ddinas, yn edrych allan dros harbwr Wellington. Yno hefyd mae John McBeth a'i wraig Raylene; mae John hefyd yn gyfaill, ers i ni gydweithio am y tro cynta mewn pencampwriaeth Saith Bob Ochr yn Mar del Plata yn yr Ariannin bron i ddegawd yn ôl erbyn hyn. Y ddau arall rownd y bwrdd yw Martin Gillingham, sy'n sylwebu gydag ITV yng Nghwpan y Byd, a Chris Thau, Rwmaniad o dras a Rheolwr Cyhoeddiadau y Bwrdd Rygbi Rhyngwladol. Mae'r sgwrsio yn ddifyr fel arfer, a dw i ddim yn siŵr sut aethon ni i drafod cyffuriau mewn chwaraeon, ond Chris wnaeth y datganiad nad oes dim tystiolaeth bod cyffuriau yn sicrhau medalau. Fe es i i'r gwely yn meddwl am y benbleth honno, ond fe wnaeth gwin coch Keith Quinn yn siŵr na fyddwn i'n pendroni'n hir drosti chwaith.

Dydd Gwener, Hydref 7fed

Mae Cerith Williams, cynhyrchydd a chyfarwyddwr Sunset+Vine Cymru, wedi cyrraedd ddoe a bydd e, y cyflwynydd Gareth Roberts a Gwyn Jones, fy nghyd-sylwebydd am weddill y Bencampwriaeth, yn aros mewn rhan arall o'r ddinas. Mae'r tîm cyflwyno'n gyflawn unwaith eto felly. Yn y cyfamser, mawr yw'r disgwyl a'r damcaniaethu am gêmau'r penwythnos, gyda chanlyniad pob un o'r pedair gêm yn rownd yr wyth olaf yn anodd i'w rhagweld, ar wahân i honno rhwng Seland Newydd a'r Ariannin falle. Ond dw i ddim am ddweud hynny wrth Diego chwaith!

Caf gyfweliad y bore 'ma ar Radio Network, gorsaf radio sy'n darlledu ar draws Seland Newydd mae'n debyg. Ond wedyn, mae cymaint o'r rheiny fel nad oes gen i ddim syniad erbyn hyn pwy yw pwy. Ar yr un rhaglen mae Michael Corcoran o wasanaeth radio RTÉ yn Iwerddon. Mae'r ddau ohonon ni'n dadlau, os dadlau hefyd, dros ragoriaethau Cymru ac Iwerddon yn ein tro, ond y ddau ohonon ni'n gytûn hefyd, erbyn diwedd y cyfweliad, y gallai'r gêm droi ar un digwyddiad neu gic, neu hyd yn oed awel dro. Mi alle hi fod mor agos â hynny.

Rwy'n ystyried tîm Iwerddon ac yn gweld bod Declan Kidney am ddibynnu unwaith eto ar Ronan O'Gara gyda'i 115 o gapie yn hytrach nag ar Jonny

Sexton, arwr Leinster yn y fuddugoliaeth dros Northampton yn rownd derfynol Cwpan Heineken y tymor diwethaf. Mae'r dewis yn arwydd clir o sut mae Kidney yn rhagweld y gêm yn datblygu, ac yn rhybudd cynnar i Leigh Halfpenny y gall e ddiodde cric yn ei wddw fore Sul yn dilyn y bomiau uchel sy'n debygol o ddisgyn ar ei ben oddi ar esgid O'Gara.

Gêm gicio gywir O'Gara sydd wedi ennill iddo fe'r hawl i ddechre nos yfory, a'i dasg fydd gosod llwyfan i O'Connell, O'Callaghan a'r gweddill mor agos â phosib at linell gais Cymru, yn y gobaith y bydd eu gwrthwynebwyr yn camsefyll neu'n camdrafod fel y gall O'Gara ei hunan, drwy ei gicio, bentyrru'r pwyntiau i Iwerddon.

Gall pwy bynnag fydd yn ennill yr ornest rhwng y ddwy reng ôl hefyd benderfynu tynged y gêm. Ferris, O'Brien a Heaslip yn erbyn Lydiate, Warburton a Faletau, ac yn benodol yr ornest rhwng O'Brien a Warburton, dau rif saith sydd wedi bod mor amlwg yn y Bencampwriaeth.

Mae yna jôc yn barod yn ardal Tullow, cartre O'Brien, fod y cyngor wedi newid enw'r brif stryd yn Sean O'Brien ond yna bod y cyngor wedi gorfod newid yr enw 'nôl i'r hen enw gan nad oes neb yn croesi Sean O'Brien. Ble arall ond yn Iwerddon?!

Mae Iwerddon, fel Cymru, wedi rhoi pwyslais cryf ar amddiffyn yn y Bencampwriaeth, a'r Gwyddelod sydd â'r record orau am fethu'r nifer lleia o daclau yn y gystadleuaeth. Tri chais yn unig y gwnaethon nhw

eu hildio yn y gêmau grŵp, ac fe lwyddon nhw i gadw Awstralia, hyd yn oed, rhag croesi'r gwyngalch.

Mae Wellington, serch hynny, wedi bod yng ngafael Morus y Gwynt ac Ifan y Glaw drwy'r wythnos, ac os daw hi'n fater o gicio mi fydd y gwynt yn allweddol unwaith eto, fel mae e wastad yn y Cake Tin. A dyna a ofynnwyd i Robin McBryde yn y gynhadledd i'r wasg.

'Mae hi'n anodd darllen pa ffordd mae'r gwynt yn chwythu. Ond mae'r tywydd yn neis heddiw, a 'dan ni wedi cael profiad o chwarae yn y stadiwm tua mis yn ôl, felly fydd gennyn ni ddim esgusodion.'

Gwelaf Priestland, Hook a Halfpenny yn manteisio ar y cyfle wedi'r sesiwn ymarfer ffurfiol i gymryd ciciau at y pyst o wahanol onglau a phellterau, gyda phob rheswm dros wneud hynny.

Does wahaniaeth â phwy y siaradwch chi yma yn Wellington, mae gan bawb ei farn ar ganlyniadau'r penwythnos. Iwerddon, Lloegr a Seland Newydd i gario'r dydd heb os yw barn y mwyafrif yn ôl y *Rugby Herald*, ond y rhan fwyaf yn rhanedig ar y gêm rhwng y Boks a'r Wallabies.

Dydd Sadwrn, Hydref 8fed

Caf gyfweliad arall am obeithion Cymru yn erbyn Iwerddon gyda Willie Lose ar radio Newstalk ZB yn Auckland y bore 'ma. Ac yntau'n gyn-gapten ar Tonga (er iddo gael ei fagu yn Auckland), fe chwaraeodd Willie i'r Auckland Blues yng nghyfnod ei gyn-brifathro Graham Henry, cyn datblygu gyrfa fel darlledwr a sylwebydd rygbi. Mi fyddwn ni'n cydweithio yn gyson ar y gylchdaith Saith Bob Ochr ond dyw e ddim wedi deall yn iawn pa amser o'r nos yw hi yng Nghymru pan fydd hi'n un o'r gloch y prynhawn yn Seland Newydd wrth iddo fy neffro i ganol nos i ofyn am gyfraniad i'w raglen.

Heddi, fodd bynnag, does 'na ddim problem. Sôn am fygythiad y Gwyddelod a'r cyfle iddyn nhw greu hanes wnawn ni. Dyma'r cyfle olaf i chwaraewyr megis Brian O'Driscoll, sy'n ennill 117 o gapie, Paul O'Connell, Gordon D'Arcy ac eraill sydd am ychwanegu Cwpan y Byd at restr eu llwyddiannau. I O'Driscoll yn benodol, dyma'r unig anrhydedd bron na chafodd hyd yn hyn yn y gêm. Mae e wedi ennill Camp Lawn gydag Iwerddon, wedi teithio gyda'r Llewod ac wedi codi Cwpan Heineken Ewrop ddwywaith gyda Leinster. Ac yn dilyn y fuddugoliaeth dros Awstralia yn y gêmau grŵp, mae'r Gwyddelod mewn sefyllfa dda i gyrraedd y rownd gynderfynol am y tro cynta erioed.

Ond mae Cymru hefyd, wrth gwrs, yn llawn hyder. Fe ddangoson nhw dipyn o gymeriad yn yr ail hanner i oresgyn bygythiad Samoa, ac yna chwarae rygbi agored dilyffethair yn erbyn Namibia a Fiji i gyrraedd y chwarteri.

Cwestiwn olaf Willie yw pa chwaraewyr yn benodol y dylai e gadw llygad arnyn nhw yn nhîm Cymru. Ar ôl ystyried y tîm mae Gatland wedi'i ddewis, fy ateb inne yw: 'Cadw dy lygad ar bob chwaraewr rhwng un a phymtheg, Willie.' Daw chwerthin iach o ben arall y lein.

Iwerddon 10–22 Cymru

Cymru yn chwalu gobeithion Iwerddon, gan gyrraedd y rownd gynderfynol am y tro cynta er 1987.

Cyn y gic gynta hyd yn oed fe gawson ni gipolwg arall ar deithi meddwl Gatland wrth iddo symud Shane Williams o'r asgell chwith i'r asgell dde i lesteirio gêm gicio Iwerddon ac i roi cyfle i'r talaf o'r ddau asgellwr, George North, herio Keith Earls am y bêl uchel. Ac yna, o'r gic gynta gan Ronan O'Gara, fe gadwodd Cymru'r bêl am dros dair munud cyn i Shane Williams brofi ei werth i Gymru unwaith eto a hedfan drosodd yn y gornel am gais cynta'r gêm. Dyna 56 o geisiau bellach i'r awel o Lanaman, gan ymestyn ei record ryfeddol ar y llwyfan rhyngwladol gyda chais a siglodd hyder y Gwyddelod i'w seiliau. Roedd Iwerddon ar ei hôl hi felly, er mai dim ond am bum munud yn unig y buon nhw yn y sefyllfa honno mewn pedair gêm cyn hyn yn y gystadleuaeth.

Er bod y gwynt ar eu cefnau, fe aeth y Gwyddelod am y lein wrth iddyn nhw ennill ciciau cosb, yn hytrach nag am y pyst, ond dro ar ôl tro fe'u cadwyd nhw rhag croesi gan amddiffyn styfnig y Cymry. Fe lwyddodd O'Gara yn y diwedd i sicrhau triphwynt ond Cymru orffennodd yr hanner gryfaf gyda Leigh Halfpenny yn cicio gôl gosb bwysig o hanner ffordd i mewn i'r gwynt gan agor y bwlch i saith pwynt. Erbyn hanner amser roedd y Gwyddelod ar ei hôl hi o 10 i 3 wedi hanner agoriadol gorau'r gystadleuaeth.

Er ceisio'u gorau glas, methiant fu ymgais y Gwyddelod i sefydlu patrwm a chwarae'r gêm gorfforol ddaeth â llwyddiant iddyn nhw yn erbyn Awstralia. Gwasgodd yr asgellwr Keith Earls ei hunan i mewn yn y gornel am gais, a daeth trosiad O'Gara â'r Gwyddelod yn gyfartal yn gynnar yn yr ail hanner. Ond os oedd eu cefnogwyr yn disgwyl i'r Gwyddelod adeiladu ar y sgôr hwnnw, fe gawson nhw eu siomi. Pan gododd Cymru'r tempo, gyda'u ffitrwydd yn cael ei amlygu unwaith eto, allai Iwerddon ddim cystadlu â nhw.

Gwelodd y mewnwr Mike Phillips gyfle i dorri trwodd ar yr ochr dywyll am gais, a hwnnw gyda'r gorau yn y gystadleuaeth, i roi'r flaenoriaeth i Gymru unwaith eto. A phan aeth Jonathan Davies heibio'r prop Cian Healy am drydydd cais i Gymru chwarter awr o'r diwedd roedd y fuddugoliaeth yn gyflawn.

Tawel iawn fu Ferris, O'Brien a Heaslip oherwydd taclo isel y Cymry, a'u hataliodd nhw rhag creu'r math o ddinistr a greon nhw yn erbyn Awstralia.

Chafodd Iwerddon mo'u fford eu hunain yn y sgrymiau chwaith fel y gwnaethon nhw yn erbyn Awstralia, nac yn y leiniau, lle mae O'Connell ac O'Callaghan yn teyrnasu fel rheol.

Yn y gorffennol mae Iwerddon wedi llwyddo i ddibynnu ar O'Gara ac O'Driscoll yng nghanol y cae i fylchu ond roedd Priestland a Roberts yn drech o ddigon ar eu gwrthwynebwyr. Fe wnaeth Cymru 141 o daclau yn ystod y gêm, gyda Dan Lydiate yn cwblhau 24 ohonyn nhw a Luke Charteris yn gwneud 14 tacl yn yr hanner cynta yn unig, cyn iddo orfod gadael y cae.

Gan i mi weld y cerdyn melyn yn dilyn cyfweliad nos Sul diwethaf, ni ofynnwyd i fi wneud cyfweliadau yn dilyn y gêm hon, ac felly dyma fanteisio ar y cyfle i fynd i gynhadledd y wasg. Yno roedd Brian O'Driscoll, gyda'i urddas arferol, yn cydnabod na châi e wireddu ei uchelgais yng Nghwpan y Byd. Mewn pedair ymgais dyw ei dîm ddim wedi llwyddo i symud tu hwnt i'r chwarteri. Allwn i ddim llai na chofio am daith y Llewod yn Awstralia yn 2001 gyda 'Waltzing O'Driscoll' yn rhwygo amddiffyn y Wallabies.

Roedd Declan Kidney yr hyfforddwr wedyn yr un mor urddasol:

'When you put your heart and soul into something and it doesn't work out, there's quietness,' meddai wrth grynhoi'r emosiynau yn stafell newid y Gwyddelod.

Tro tîm rheoli Cymru yw hi wedyn. Y tîm sy'n colli sydd wastad yn gorfod wynebu'r wasg yn gynta. Mae atebion Gatland yn rhai dadlennol, i'r perwyl bod y garfan wedi cael amser i baratoi heb ymyrraeth gan eu bod allan o gyrraedd pawb a phobun, oherwydd gall y talwrn sy'n bodoli 'nôl yng Nghymru gael effaith negyddol. Ac yna daw ateb mwyaf dadlennol Gatland i unrhyw gwestiwn dros y Bencampwriaeth, yn fy marn fach i ta beth, ac mae gen i hawl i honno. Wrth ateb y cwestiwn am ei garfan dyma fe'n sôn nad oedd gan y chwaraewyr ifanc ddim i'w boeni amdano, ac nad ydyn nhw'n dangos unrhyw arwyddion o ofn, cyn pwyllo ac ychwanegu, 'There's no baggage and no

Cawr o ganolwr

Shane yn rhoi Cymru ar ben ffordd

Dathlu'r fuddugoliaeth

Jonathan Davies, trydydd cais Cymru

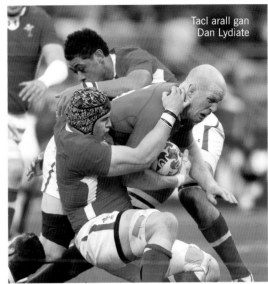
Tacl arall gan Dan Lydiate

Mike Phillips, seren y gêm

fear factor.' Maen nhw allan yma yn Seland Newydd, heb orfod gwrando ar farn yr 'arbenigwyr' a'r siarad negyddol sy'n gallu digwydd yng Nghymru.

Yn sicr, mae'r garfan bresennol yn cael ei harwain gan y chwaraewyr ifanc, deinamig, eofn y soniodd Gatland amdanyn nhw, a lle mae Sam Warburton a'r gweddill yn arwain, mae'r lleill nawr yn gorfod dilyn.

Ond mae'r capten, yn hirben iawn, yn datgan er bod y fuddugoliaeth yn fuddugoliaeth arbennig iawn, eto i gyd 'dy'n ni ddim wedi ennill unrhyw beth eto'. Ac mae e'n ddigon profiadol eisoes i weld yr hen 'bêl dro' pan gaiff honno ei lluchio tuag ato.

Rwy'n dal llygad a gwên gyfarwydd Gerald Davies yng ngwesty tîm Cymru. Ry'n ni'n dod at ein gilydd am sgwrs a thynnu coes, a dwyn ar gof fel y bu i ni fwynhau, neu falle y bydde fe'n dweud dioddef, cwmni'n gilydd dros gyfnod Cwpan y Byd yn Awstralia yn 2003 wrth i'r ddau ohonon ni gyd-sylwebu.

Mae pawb ar ben eu digon a'r chwaraewyr yn dychwelyd i gymeradwyaeth hael. Poeni wrth weld Rhys Priestland yn cyrraedd â'i fraich mewn sling. Pa mor ddifrifol yw'r anaf, tybed, gan fod gobeithion Cymru'n dibynnu cymaint arno fe bellach?

Gatland yn dod i 'nghyfeiriad i. Dyma estyn fy llaw i'w longyfarch a fe'n ei derbyn. Rwy'n cynnig ymddiheuriad am yr holi negyddol y penwythnos cynt, os oes angen. Ond po fwya dw i'n meddwl am y peth nawr, mwya i gyd rwy'n credu bod rhywun, ac nid Gatland ei hunan, yn ceisio creu mynydd allan o faw ieir!

Mae drwgdybiaeth tuag at gymhellion pawb sy'n gysylltiedig â'r wasg a'r cyfryngau yn anffodus, ond dw i ddim yn un o'r dynion crintachlyd hynny sy'n dilyn yr eliffant gyda bwced a rhaw pan ddaw'r syrcas i'r dre!

Dydd Sul, Hydref 9fed

Rwy'n deffro y bore yma a sylweddoli bod Cymru yma i aros tan benwythnos ola'r Bencampwriaeth, doed a ddelo. Ac wrth edrych yn ôl ar berfformiad y tîm neithiwr a'r canlyniad yn erbyn Iwerddon does dim rhyfedd bod nifer o'r sylwebyddion hefyd yn gytûn taw Cymru nawr yw'r ffefrynnau i gyrraedd y rownd derfynol yn erbyn Seland Newydd.

'PADDYWHACKED' mewn llythrennau bras yn brif bennawd y *Sunday Star Times* y bore yma. Dyna'r union deimlad oedd gen inne wrth gerdded i fyny'r uffern o riw tuag at Lawson Place ar ôl casglu'r papur. I'r cyfarwydd, mae'n fyrrach ond yn fwy serth na rhiw Penglais, Aberystwyth. Erbyn i fi gyrraedd 'nôl i'r tŷ roedd tîm Cymru eisoes wedi glanio yn Auckland ac yn meddwl am y gêm nesaf yn erbyn y Ffrancwyr, a drechodd y Saeson ar Eden Park neithiwr o 19 i 12.

Daw'r neges destun anochel i gadarnhau bod yr awyren i gludo tîm Iwerddon sha thre yn cael ei dal yn ôl am ddwyawr. 'Ymddiheuriadau am yr oedi,' medd y llais dros yr uchelseinydd, 'ond ry'n ni'n aros i dîm Lloegr ymuno â ni!' Uwchlaw'r chwerthin mi alla i glywed Brian O'Driscoll yn cicio'i hunan yr holl ffordd adre am na ofynnodd e i Ronan O'Gara gymryd y tri chynnig hynny at y pyst yn yr hanner cynta â'r gwynt ar eu cefnau.

Clywaf Kiwi yn sôn am Sam Warburton: 'He has the mana of a young Buck Shelford.' Yn union fel nad oes modd cyfieithu geiriau fel 'bro' a 'hiraeth' o'r Gymraeg, felly hefyd y gair 'mana' o'r Maori. Mae gwreiddiau'r gair yn y goruwchnaturiol ac yn awgrymu dylanwad ac awdurdod a'r gallu i berfformio mewn unrhyw sefyllfa. Clod yn wir gan y Kiwi, a'r gymhariaeth â Buck Shelford, cyn-gapten Seland Newydd, na chollodd yr un gêm yn y Crys Du, yn tanlinellu'r gosodiad.

Gweld cwch llwyd yn harbwr Wellington wedyn, a baneri lliwgar drosto. Cwch a fuodd, o bosib, yn llynges ei Mawrhydi ar un adeg ond sydd heddi yn dangos ei enw newydd ar flanced ar ei dŵr – 'HMS Gatland' ac oddi tano y geiriau 'Land of My Fathers'.

Troi'r gynnau mawrion i gyfeiriad y Ffrancwyr fydd raid nawr, a hogi arfau hefyd. Mae'r Ffrancwyr, er iddyn nhw golli dwy gêm grŵp, nawr yn rownd y pedwar olaf wedi iddyn nhw drechu'r Saeson o 19 i 12, gyda'r asgellwr Vincent Clerc yn croesi am gais gorau'r gêm. Dyw ymgyrch Lloegr yng Nghwpan y Byd ddim yn haeddu mwy o sylw na dweud bod sawl brenhinwr yn y gorffennol wedi colli'i ben yn llythrennol am weithred llai peryglus na honno pan welwyd y capten Mike Tindall, sy'n briod ag wyres y Frenhines, yn rhoi ei ben mewn man tywyll iawn yng ngŵydd y byd ar noson ymladd corachod yn Dunedin ar Ynys y De.

Ac ystyried eu perfformiad neithiwr, mae gan Gymru bob rheswm i fod yn hyderus yn erbyn y Ffrancwyr, ond gan na fydda i'n cyrraedd Auckland tan ddydd Iau, rhaid bodloni heno ar wefan S4C i glywed yr hyn oedd gan Rob Howley i'w ddweud heddi yng nghynhadledd y wasg:

'Does 'da ni ddim amheuaeth pa mor dda yw tîm Ffrainc. Dyma, wedi'r cwbwl, rownd gynderfynol Cwpan y Byd ac mae ein chwaraewyr wedi cyflawni cymaint ond eto dy'n ni ddim yn credu eu bod nhw wedi gorffen eu gwaith. Dy'n ni ddim wedi ennill unrhyw beth eto. Roedden ni'n teimlo cyn y gêm ddoe nad oedd hi'n amser i ni fynd adre.'

Yn y cyfamser, fe ddaeth y fuddugoliaeth ddisgwyliedig i Seland Newydd dros yr Archentwyr o 33 i 10. Er gwaetha'r ffaith iddyn nhw golli Dan Carter cyn y gêm, a heno ei ddirprwy Colin Slade, y Crysau Duon fydd yn cyfarfod ag Awstralia nos Sul yn Auckland yn y gêm gynderfynol arall. Gôl gosb hwyr gan James O'Connor o dîm Awstralia oedd y gwahaniaeth mewn gêm ryfedd yn Wellington a orffennodd 11–9 a phencampwyr y byd, y Springboks, yn gorfod ffarwelio â'r gystadleuaeth. Ond dyfarnwr arall, Bryce Lawrence, o Seland Newydd dan y lach y bore 'ma, gyda deiseb yn cychwyn yn ôl y sôn, yn Ne Affrica mae'n siŵr, i sicrhau na fydd e'n dyfarnu gêm ryngwladol fyth eto. Nigel felly yn cael ei ddisodli o'r penawdau.

Dydd Llun, Hydref 10fed

Gydag wythnos tan y rownd gynderfynol yn Auckland, a chyda digon o ddwylo i gwblhau'r dyletswyddau, dyma esgusodi fy hunan a chymryd tridiau neu fwy i wneud y siwrnai wyth awr a mwy i fyny i Auckland. Mi fydd yn gyfle hefyd i Gwyneth weld rhywfaint o gefn gwlad Seland Newydd y deuthum i'n gyfarwydd ag e cyn iddi gyrraedd yma.

Rwy'n mynd i gasglu'r car roeddwn i wedi'i logi a chael Ajindher, perchennog y cwmni hurio, yn fachan rhadlon iawn.

'Gan fod angen y car ar y cwmni i fyny yn Auckland fe gei di fe am hanner y pris arferol. Mi ddweda i wrthyn nhw y byddi di yno brynhawn dydd Iau.'

Wrth sgwrsio, dyma ofyn oedd gan y cwmni swyddfa i lawr yn Queenstown, lle roedden ni'n bwriadu cychwyn ein siwrnai o gwmpas Ynys y De wedi Cwpan y Byd. Roedd angen dod â char yn ôl i fyny o'r fan honno i Wellington a'r hen Ajindher wrth ei fodd. Fe ges i hwnnw am ddim, a llond tanc o betrol, ar yr amod 'mod i'n talu'r fferi ar draws y Cook Strait. Mi fyddai'n ei arbed e rhag anfon a thalu rhywun i fynd yn unswydd i mofyn y car ac felly roedd y ddau ohonon ni'n hapus â'r fargen.

Nodi bod Huw Bennett, Adam Jones, Mike Phillips a George North wedi'u dewis yn nhîm y *New Zealand Herald* am yr wythnos diwethaf. Os yw Mike Phillips yn cadw Piri Weepu mas o'r tîm, yn dilyn ei ymdrech yn erbyn Iwerddon, rhaid ei fod e'n chwarae'n dda, wrth i'r *Herald* roi un o'u cydwladwyr yn ail orau.

Cyrraedd tre'r gwinllanoedd, Martinborough, rhyw awr o Wellington, erbyn cinio a chael y cinio hwnnw

Peter Hudson yn rhannu ei gyfrinach orau

mewn seler win a bwyty. Prynu dwy botelaid o win i fynd gyda ni gan Peter Hudson, a ddigwyddai fod yn hyrwyddo'i win ei hunan yn y seler. Codi sgwrs a chael ar ddeall ei fod yn gyn-ddyn camera teledu oedd wedi troi ei law at waith llawer mwy proffidiol, ta beth am bleserus. Trwy Masterton, cartre'r Golden Shears a Phencampwriaeth Cneifio'r Byd y flwyddyn nesaf, i gyfeiriad Palmerston North ac i Whanganui lle roeddwn i wedi gwneud trefniadau i aros dros nos gyda Hywel Davies. Derbyn y cyfarwyddiadau ar y ffôn symudol: 'Pan ddowch chi i ben y stryd edrychwch am gap coch. Mi fydda i oddi tano,' meddai Hywel. Mae Hywel, sy'n wreiddiol o Gwmllynfell, wedi ymddeol ar ôl gyrfa o ddeugain mlynedd ym myd addysg ac wedi ymgartrefu yma gyda'i wraig Pam, merch o Whanganui. Mae Hywel mor sicr ei Gymraeg â'r diwrnod y gadawodd e Ddyffryn Aman ac yn falch o'r cyfle i sgwrsio yn ei famiaith. Rwy'n ei gael yn hyddysg yn hanes y Maori a dyma gytuno i fynd ar berwyl i'r amgueddfa leol fore trannoeth. Cawn flas ar y sgwrsio, y barbeciw a photelaid o win Peter Hudson cyn noswylio.

Dydd Mawrth, Hydref 11eg

Mae Hywel yn ein tywys ni o gwmpas yr amgueddfa yn Whanganui a rhan helaeth ohoni wedi'i neilltuo i hanes y Maori yn yr ardal. Yn ganolog i'r arddangosfa mae *waka*, sef canŵ rhyfel anferth. Fel Cymro â chydymdeimlad 'da'r Maori dyma fe'n sôn am ddathliadau ddeng mlynedd yn ôl pan gydsyniwyd i rwyfo'r *waka* i lawr afon Whanganui. Doedd dim modd i griw o ddynion cydnerth gario'r *waka* draw at yr afon. Ond ar ôl i un o wragedd hŷn yr *iwi*, llwyth lleol y Maori, ddod i'r amgueddfa a rhoi sêl bendith yr *iwi* ar y fenter, llwyddwyd i godi'r cwch a'i gario i'r afon, er methu'n lân â'i symud cyn hynny.

Ymlaen â ni i'r Royal Whanganui Opera House, y theatr Fictorianaidd olaf yn Seland Newydd. Mae Hywel a Pam yn wirfoddolwyr ac yn garedigion y Tŷ Opera, a'r ddau'n ymfalchïo yn yr ymdrechion a wnaed i gadw'r hen theatr ar agor. Braint oedd cael bod yno a chael mynd y tu ôl i'r llwyfan i werthfawrogi gwasanaeth Hywel a'i gydwirfoddolwyr. Yno, yng nghanol y posteri, rwy'n dod ar draws un yn hysbysebu taith Côr Godre'r Aran yn 2003.

Gwelaf gyfle, cyn ffarwelio â Whanganui, i anfon anrheg i Tomos yr ŵyr gan gofio bod yna gysylltiad gwaed, ar ochr ei fam, â'r lle sy'n cael ei adnabod

Tŷ opera Whanganui

O ran y troeon a'r rhiwiau doedd e ddim ymhell ohoni, ond roedd y tir o gwmpas yn llawer mwy ffrwythlon nag ucheldir Abergwesyn a Soar y Mynydd wrth i ni deithio am awr a mwy cyn cyrraedd Whangamomona a galw yn y gwesty yng nghanol y pentref i gael ein pasbort wedi'i stampio. Er mai 'chydig o ddoniolwch sydd y tu ôl i'r syniad o weriniaeth annibynnol, allwn i ddim llai na chydymdeimlo wrth glywed am hanes y dirwasgiad a fu, a orfododd iddyn nhw glymu fferm wrth fferm, cau busnesau, swyddfeydd post a swyddfeydd yr heddlu, a'r teuluoedd yn gorfod troi eu cefnau ar yr hen ffordd o fyw. Daeth y cyfan i ben pan aeth gwlân allan o ffasiwn ar ddechrau'r 80au. Mae'n drist iawn pan fo hyd yn oed y fynwent yn cau. Ond dyna ddigwyddodd yn Whangamomona.

Cyrraedd Taupo wedi iddi nosi mewn pryd i gael hanner awr yn y glaw yn y baddonau thermal cyhoeddus a chyfle wedyn i ddod o hyd i'r newyddion drwy gyfrwng cynhadledd y wasg gan dîm Cymru ar wefan S4C. Rwy'n cytuno â Neil Jenkins pan ddwedodd e mai'r gêm yn erbyn Ffrainc nos Sadwrn yw'r gêm fwyaf yn hanes rygbi Cymru – yn sicr yn yr oes broffesiynol ac yn hanes y tîm presennol. Roedd Jenkins yn rhagweld y bydd hi'n gêm glos ac y gallai'r gêm hon unwaith eto ddibynnu ar frwydr y cicwyr.

Shaun Edwards wedyn yn rhybuddio taw Ffrainc sydd wedi ennill Pencampwriaeth y Chwe Gwlad amlaf, ac felly, yn hynny o beth, eu bod nhw'n gyson.

gan rai fel Whangavegas; cyfeirio at fywyd a natur hamddenol y ddinas ar lannau'r afon mae enw'r lle. Pwy ddwedodd nad yw'r Kiwis yn deall eironi? Fe fydd y tedi, sy'n medru perfformio'r *haka* drwy wasgu'i fola, yn ffefryn dw i'n siŵr.

Ymlaen i gyfeiriad y Forgotten World Highway a gweriniaeth Whangamomona yn ôl awgrym y tri amigo – tebyg i'r hewl o Abergwesyn i Dregaron ond saith gwaith yn waeth oedd awgrym Eurfyl o Grymych, os dw i'n cofio'n iawn.

Dywed hefyd fod un gêm fawr gan Ffrainc bob amser yng Nghwpan y Byd, fel honno yng Nghaerdydd pan drechon nhw'r Crysau Duon yn 2007.

Mae Stephen Jones, wedyn, yn disgwyl gêm galed:

'Bydd hi'n gêm gorfforol iawn, ond mae hi hefyd yn bwysig bod y cicwyr yn effeithiol, a'n bod ni'n manteisio ar bob cyfle a gawn ni.'

Mae Ffrainc wedi cyhoeddi eu tîm i wynebu Cymru ar y penwythnos. Mae'r mewnwr Dimitri Yachvili wedi'i gynnwys, er iddo anafu ei goes gicio yn erbyn Lloegr nos Sadwrn. Yn yr un modd Imanol Harinordoquy, wythwr dylanwadol y Ffrancwyr, a'r ddau yma, mae'n debyg, sy'n bennaf cyfrifol am yr ysbryd newydd yn y garfan a ddaeth â buddugoliaeth iddyn nhw yn erbyn y Saeson. Os bydd y ddau hyn yn holliach i gymryd eu lle yn y tîm nos Sadwrn, dim ond un cwestiwn sy'n aros, sef 'A all Ffrainc godi eu gêm unwaith eto yn erbyn Cymru ac ennill eu lle yn y rownd derfynol gan sicrhau eu pedwaredd buddugoliaeth o'r bron yn erbyn tîm Sam Warburton?'

Dydd Mercher, Hydref 12fed

Rwy'n sylwi heddi eto ar faner yn cefnogi'r Crysau Duon: 'GO THE ALL BLACKS' gyda'r rhedynen arian ar gefndir du. Does dim yn newydd yn hynny; maen nhw ym mhobman. Ond roedd hon yn cyhwfan o dŵr eglwys fechan wedi'i hadeiladu o bren yng nghefn gwlad Seland Newydd. Ddylwn i ddim bod wedi synnu chwaith o weld y fath deyrngarwch; wythnos diwethaf

fe welais i faner debyg yn cyhwfan ar ben injan dân a honno'n amlwg yn rhuthro i ymateb i alwad frys. Mae'r eglwys fechan hon yn fy atgoffa ryw ychydig o'r Eglwys Norwyaidd ym Mae Caerdydd. Am eiliad dyma gofio am y ddelwedd o'r Arglwydd Iesu yn gwisgo crys rygbi Seland Newydd mewn darlun yn Eglwys Gadeiriol Sant Paul yn Wellington y bu cymaint o ddadlau amdano dros y dyddiau diwethaf.

Yn ganolog i gred y Cristion, wrth gwrs, mae'r cysyniad o Dduw yn ymgnawdoli mewn dyn. Rwy'n cofio wedyn i Richard Seddon, Prif Weinidog Seland Newydd ar ddechrau'r ugeinfed ganrif, alw Seland Newydd yn 'God's own country'. Ac meddai'r Hybarch Frank Nelson o'r Gadeirlan, 'Byddai ond yn rhesymol i gredu, tase'r Gwaredwr yn dychwelyd i'r byd, y bydde fe'n dod yn ôl fel All Black.'

'Y syniad yw bod y darlun yn ennyn diddordeb, ond yn fwy na hynny, yn denu'r sylwedydd y tu hwnt i'r darlun, ac at Dduw,' ychwanegodd Nelson am y ddelwedd sy ar ffurf eicon yn nhraddodiad yr Eglwys Uniongred Gristnogol.

Fe awgrymodd Nelson ymhellach, a'i dafod yn ddwfn yn ei foch falle, 'Tase'r Gwaredwr *yn* dod yn ôl i'n plith y bydde'n rhaid iddo fod yn fewnwr – gan taw fe sy'n bwydo'r bêl!'

Dywedodd yr arlunydd Don Little wedyn iddo baentio'r darlun ar ôl gofyn iddo'i hunan ai rygbi nawr yw'r grefydd newydd mewn gwlad sydd i raddau helaeth wedi cefnu ar y ffydd.

'Efallai y cewch chi eich tramgwyddo ganddo, efallai y gwnaiff i chi deimlo'n ddig ac efallai y daw â gwên i'ch wynebau. Fy neges i i chi yw "Meddyliwch amdano".'

A dyma finne'n meddwl am y ddelwedd â gwên ar fy wyneb inne. Onid ydyn ni Gymry yn ymfalchïo yn y ffaith ein bod ni'n siarad 'iaith y nefoedd'? Ac onid ydyn ni'n sôn yn rhy rwydd am eiconau a chwaraewyr

chwedlonol? Falle'i bod hi'n bryd i ninne gael baner â'r geiriau 'Feed me 'til I want no more' a'r Ddraig Goch yn chwifio o dŵr y Gadeirlan yn Llandaf yn ystod Pencampwriaeth y Chwe Gwlad, neu yn rhywle mwy amlwg – o do Eglwys y Tabernacl yn yr Ais yng Nghaerdydd, falle. Ie, a hyd yn oed o dyrau eglwysi bychan yng nghefn gwlad hefyd.

Neu falle y dylen ni edrych i gyfeiriad y Ffrancwyr am ysbrydoliaeth. Mae 'na feirniadu hallt wedi bod ar hyfforddwr Ffrainc, Marc Lièvremont, ac yn benodol ar ôl i'w dîm golli yn y fath fodd di-sut yn erbyn Tonga bythefnos yn ôl. Ar adegau yn ystod y chwe wythnos diwethaf mi fyddai rhai o'i ynganiadau wedi gwneud i hyd yn oed Arthur Picton wrido, ond mae Lièvremont yn ymfalchïo yn y ffaith ei fod e'n deall meddylfryd gwŷr Gwlad y Basg. Mae'r gwir Fasgiad hwn mor bybyr â'r Cymro mwyaf gwlatgarol dros y darn hwnnw o dir yng ngogledd Sbaen ac ar hyd y ffin â Ffrainc yn ardal Perpignan ble bu e'n chwarae am yn agos i ddegawd.

Ond nawr, wedi iddyn nhw drechu'r Saeson, mae yna Ffrancwyr sy'n barod i ddweud taw penderfyniad Lièvremont i gadw Imanol Harinordoquy, y Basgiad twymgalon, ar y fainc yn y gêmau gyda Seland Newydd a Tonga, cyn ei adael yn rhydd yn erbyn Lloegr, sy'n gyfrifol am yr ysbryd newydd yn y garfan.

Mae Lièvremont yn gwybod yn iawn am falchder gwŷr y Basg – a'r ysgogiad a ddaw yn sgil cael eu siomi. Yn hynny o beth, falle taw fflach o athrylith ar ran Lièvremont oedd dewis Harinordoquy, a ddyfarnwyd yn seren y gêm yn erbyn y Saeson, a bod yr un penderfyniad hwnnw wedi gweddnewid ymgyrch y Ffrancwyr yn llwyr a rhoi hwb i'w gobeithion.

Dydd Iau, Hydref 13eg

Fe dreulion ni'r noson yn Rotorua neithiwr a chychwyn mas am Auckland heddi yn y glaw. Ry'n ni'n mynd ar bererindod i weld y cae rhyngwladol ar gyrion y dref lle y gwnaeth Paul Thorburn gicio Cymru i'r trydydd safle wrth drechu Awstralia yng Nghwpan y Byd ym 1987. Does 'na fawr i'w gymeradwyo yn Rotorua pan fydd hi'n bwrw glaw ond fe allwn ni roi tic yn y bocs ein bod ni wedi gweld y *geyser* a'r pyllau swlffwr sy'n denu ymwelwyr i'r ardal.

Mwy diddorol o lawer i fi oedd gweld buches ar ôl buches o wartheg godro yn pori'r caeau ar ymyl y ffordd a chael ar ddeall bod y tir yn eiddo i gwmni Landcorp Farming, sy'n berchen ar dros hanner cant o unedau godro ac yn agos at 35,000 o wartheg godro ar dir llai ffafriol sy'n ymestyn dros 13,000 o hectarau ar draws Seland Newydd. Wedi ymchwilio i'r cwmni ar y we yn hwyrach heno dyma ddeall taw dim ond rhan fechan o'r busnes yw'r unedau godro. Mae'r fenter yn eiddo i'r wladwriaeth ac maen nhw'n berchen neu o leia yn prydlesu dros 376,000 hectar o dir, gydag unedau bîff, defaid a cheirw hefyd yn rhan o'r busnes.

Rwy'n clywed ar y radio wedyn bod cwmni hufenfeydd Fonterra wedi cael caniatâd i gludo mwy o bwysau o laeth yn eu tanceri i ddygymod â'r cynnydd

yn y cynnyrch llaeth y gwanwyn yma. Mae'r gwartheg godro yn cynhyrchu mwy o laeth yn dilyn y tywydd mwyn gan fod hwnnw wedi bod o gymorth i'r borfa dyfu yn gynt nag arfer eleni mae'n debyg. O ganlyniad, mae'r Llywodraeth yn caniatáu i loriau gludo tunnell ychwanegol ym mhob tancer am weddill y flwyddyn, a hynny'n golygu 1.2 miliwn litr yn ychwanegol bob dydd am y tri mis nesaf – cofiwch fod gan Fonterra 450 o danceri pan fo'r cynnyrch llaeth yn ei anterth.

Ry'n ni'n galw heibio'r swyddfa dwristiaeth yn Tirau, tase dim ond i dynnu llun y lle. Fe alla i ddychmygu'r cyfarfod cyngor a gydsyniodd i'r prosiect ci defaid a dafad.

'Oes gan unrhyw un syniadau ynghylch sut y dylai'r swyddfa newydd edrych?'

'Oes,' medd un. 'Beth am ei adeiladu o sinc, ei hanner e ar ffurf pen ci a'r hanner arall ar ffurf pen dafad?'

'Iawn? Pawb sy'n cytuno i godi llaw. Rhywun yn gwrthwynebu? Nac oes. Fe awn ni 'mlân â'r gwaith 'te. Peint, rywun?'

Rwy'n cyrraedd Auckland mewn pryd i glywed cyhoeddi tîm Warren Gatland i wynebu Ffrainc yn y rownd gynderfynol. Ergyd yw deall na fydd Rhys Priestland ar gael yn dilyn yr anaf i'w ysgwydd yn erbyn Iwerddon. James Hook sydd i ddechrau yn safle'r maswr a Stephen Jones ar y fainc. Mae gwell newyddion am Luke Charteris, a adawodd y cae ar yr egwyl yn erbyn y Gwyddelod, gan ei fod e'n dechrau yng nghwmni Alun Wyn Jones yn yr ail reng.

Mae Warren Gatland yn y gynhadledd i'r wasg yn cyfadde bod dewis rhwng James Hook a Stephen Jones wedi bod yn anodd, ond Hook sy'n dechrau oherwydd taw fe oedd yn y garfan yn erbyn Iwerddon, ac oherwydd yr hyblygrwydd mae e'n ei gynnig.

Mae Gatland, wrth gydnabod yr ymdrech hyd yma, yn sôn pa mor dda fu cael cymaint o amser i baratoi'r garfan. Ychydig wythnosau'n unig a gaiff yn ystod cystadleuaeth y Chwe Gwlad, ond mae'r garfan yma wedi bod gyda'i gilydd am bum mis ac yn ystod y cyfnod hwnnw, medde fe, mae'r tîm hyfforddi wedi cael amser deche i roi sylw i'r manion.

Dyma Jamie Roberts wedyn yn cydnabod bygythiad y Ffrancwyr: 'Mae ganddyn nhw chwaraewyr sy'n medru rhwygo tîm yn ddarnau; maen nhw wedi dangos hynny dros y tair a'r pedair blynedd diwethaf. Mae'n anodd credu ein bod ni wedi cyrraedd mor bell, ond ry'n ni haeddu bod yma – 'dan ni wedi chwarae rygbi pert iawn yn ystod y misoedd diwetha.'

Dydd Gwener, Hydref 14eg

Ry'n ni'n aros ar lan y dŵr yn Kohimarama, yng nghartre teulu arall sydd wedi symud mas i ryddhau eu tŷ dros gyfnod Cwpan y Byd. Mae'r drefn wedi gweithio'n hwylus a'r tŷ hwn rhyw ganllath o'r traeth ac o fewn dau gan llath i'r man lle dechreuais i fy siwrnai chwe wythnos yn ôl. Bydd Gwyneth a finne'n rhannu'r tŷ gyda Cerith, Gareth a Gwyn am y deng niwrnod olaf. Tasen i'n gorfod aros yn y cychod pleser sy'n westai dros dro yn harbwr Auckland, mi allai hynny fod yn ddiwedd ar S4C.

Rwy wedi cael gwahoddiad arall i ymddangos ar sioe Martin Devlin heno, ond gyda phwy arall does gen i ddim syniad. Cawn ar ddeall bod yn agos at drigain mil o bobol am fynd i Stadiwm y Mileniwm yng Nghaerdydd fory i wylio'r gêm ar y sgrin fawr. Mae pobol Seland Newydd wedi eu syfrdanu o glywed y newyddion hynny. Yr un mor syfrdan yw deall y bydd Stryd Downing yn cefnu ar draddodiad ac yn codi'r Ddraig Goch dros Rif 10 fory. 'Dim ond ar gyfer y ffeinal y byddwn ni fel arfer yn codi baner un o wledydd y Deyrnas Unedig,' meddai'r Prif Weinidog, 'ond ar yr achlysur arbennig yma a phawb am gefnogi ymdrech Cymru, dw i wedi penderfynu torri ar y traddodiad hwnnw ddydd Sadwrn.' Chwarae teg iddo fe – a phedair blynedd tan y lecsiwn nesaf hefyd!

Cawn ddarllen am holl helyntion carfan Ffrainc a'r

Gwelyau moethus i gefnogwyr cyfoethog yn harbwr Auckland

rhwyg honedig rhwng y chwaraewyr a'u hyfforddwr enigmatig, Marc Lièvremont. Y sôn yw bod y chwaraewyr hŷn, megis Dimitri Yachvili ac Imanol Harinordoquy, wedi mynnu bod Ffrainc yn mynd yn ôl a chanolbwyntio ar y sgiliau elfennol er mwyn gosod y seiliau i'w gêm, ac wedi gwneud hynny yn erbyn Lloegr y penwythnos diwethaf, ac yn bwriadu gwneud hynny'n awr yn erbyn Cymru.

Mae Thomas Castaignède, cyn-faswr, canolwr neu weithiau cefnwr i Ffrainc, yn damcaniaethu dros ddewis mewnwr, Morgan Parra, yn faswr ar gyfer y gêmau mawr. Mae'n dalentog, yn ddewr ac yn amddiffynnol gryf medde Castaignède, ac all e ond gwneud ei orau. Ond 'A ydy e'n ddigon aeddfed?' yw cwestiwn y cyn-chwaraewr rhyngwladol. 'Mae gofyn i faswr wybod be mae'r blaenwyr am wneud, sut mae'r mewnwr yn debygol o basio'r bêl iddo a ble mae e am sefyll. Allwch chi ddim dysgu'r cwbwl mewn tair wythnos.' Ar ben hyn, bydd yn rhaid iddo gymryd at y dyletswyddau cicio nawr hefyd gan fod Dimitri

Yachvili wedi cymryd cnoc ar ei goes gicio yn erbyn y Saeson.

Rwy'n cerdded i mewn i stiwdio deledu TVNZ ar gyfer sioe Martin Devlin i weld cyn-glo Lloegr, Martin Bayfield, yn eistedd yno'n sgwrsio â chyn-fachwr Seland Newydd, Anton Oliver. Y tri ohonon ni, a duw a ŵyr pwy arall, fydd yn ymddangos ar sioe deledu fyw Devlin heno. Rwy'n dod 'nôl i'r *green room* ac yn gweld bod Nick Mallett, cyn-hyfforddwr De Affrica a'r Eidal, wedi ymuno â'r cwmni erbyn hyn. Dechreuaf sgwrsio ag e am rygbi yn yr Eidal a gwerth y Cynghrair Celtaidd i'r Eidalwyr, gan gael yr argraff tase gydag e bymtheg o faintioli a phersonoliaethau'r prop Martin Castrogiovanni a'r wythwr Sergio Parisse yna fe alle fe goncro'r byd. Rwy'n trio cael rhyw awgrym ganddo o ble'r aiff e nesaf. Ar hyn o bryd dw i'n meddwl y bydde fe'n ddigon hapus i hyfforddi clwb bach yn y wlad, yn rhywle lle mae bywyd yn braf.

Mae'r drws yn agor unwaith eto a John Kirwan, cyn-asgellwr Seland Newydd a chyn-hyfforddwr Japan erbyn hyn, yn dod i mewn gyda Nick Farr-Jones a gododd Gwpan y Byd yn Twickenham i Awstralia ym 1991. Yn olaf, cyrhaedda Jeff Wilson, cyn-asgellwr y Crysau Duon, a chyn-fewnwr Awstralia, George Gregan, a enillodd 132 o gapie dros ei wlad. Rwy'n holi fy hunan beth ar wyneb y ddaear dw i'n ei wneud fan hyn yng nghanol y rhain!

Ar yr awyr, rwy'n dwyn ar gof sgwrs ges i gydag

Earle Kirton mor bell yn ôl â Chwpan y Byd ym 1991, a chyn-faswr y Crysau Duon, bryd hynny, yn datgan bod angen Cymru ar lwyfan rygbi'r byd, 'so that we can talk myths and legends again'. 'Ry'n ni o fewn un gêm i allu gwneud hynny eto,' meddwn i wrth Devlin.

Caf fy hunan rhwng Wilson a Gregan wedyn, ac yn ystod yr egwyl ry'n ni'n rhyw fân siarad, a'r ddau yr un mor frwd â'i gilydd â'u hargymhellion o be ddylwn

i a Gwyneth ei wneud a'r llefydd y dylen ni ymweld â nhw ar Ynys y De wedi Cwpan y Byd.

Caiff Greg Clark, prif sylwebydd rhwydwaith Fox yn Awstralia, Nick Mallett a finne ein holi am obeithion Seland Newydd yn erbyn Awstralia. Cawn dipyn o hwyl hefyd wrth dynnu ar Devlin, a hwnnw fel petai'n adleisio ansicrwydd Seland Newydd gyfan ynghylch gobeithion y Crysau Duon yn sgil yr anafiadau i Dan Carter a nawr ei ddirprwy Colin Slade. Dyw'r argoelion ddim gant y cant ynglŷn â'u capten chwaith, gan fod Richie McCaw wedi cael llawdriniaeth i roi sgriw yn ei droed beth amser yn ôl i ddal yr asgwrn yn ei le. Dw i ddim yn ddoctor, ond buodd yna sôn am *metatarsal* a Beckham yn yr un frawddeg unwaith, on'd do? Ta beth, mae'r sgriw yn rhydd ac mae hynny'n amlwg yn peri trafferth i'r chwaraewr rheng-ôl dylanwadol. Yn ystod y sgwrs gyda Devlin – a dyw fy Saesneg i ddim ar ei orau, yn arbennig ymhell o gartre – dyma fi'n gofyn, 'Hasn't McCaw got a screw loose?' Nid fel 'na roedd e fod i ddod mas, ond fel gyda past dannedd, does dim modd cael geiriau 'nôl mewn i'r tiwb!

Daw linc i gloi gan Devlin, a doedd hwnnw ddim wedi'i sgriptio. Erbyn hynny rown i'n eistedd oddi ar y set, y tu ôl i'r camera. Yn sydyn clywaf y geiriau, 'Hey, Welshman, how do you see it?' O'r gwyll y daw fy llais y tro hwn. 'New Zealand and Wales – the dream final!'

Dydd Sadwrn, Hydref 15fed

Mewn hwyliau da cyn y gêm yng nghwmni Gerald Davies ac Ieuan Wyn Jones

Cymru 8–9 Ffrainc

'Mate, I called it a red card!' medde'r sylwebydd Keith Quinn gyda llaw ar fy ysgwydd, fel tase fe am ymddiheuro, a'i fod e rywsut yn gyfrifol am dynged Sam Warburton wedi i gapten Cymru gael ei anfon o'r cae wedi deunaw munud gan y dyfarnwr, Alain Rolland, am dacl anghyfreithlon ar asgellwr Ffrainc, Vincent Clerc.

Roedd Keith yn iawn, wrth gwrs, ac yn unol â llythyren y ddeddf roedd Rolland hefyd yn iawn. Fe geisies inne ddadlau dros gerdyn melyn, oherwydd felly roedd hi'n ymddangos yn y dryswch, sef bod capten Cymru wedi'i anfon i'r gell gosb am ei drosedd.

Dw i'n siŵr i fy nghyd-sylwebydd, Gwyn Jones,

weiddi, 'O, na!' ar yr union eiliad honno, ond yn y dryswch, ac yn absenoldeb ailchwarae ar y teledu, wyddai'r un ohonon ni, na neb arall am wn i, beth yn union oedd wedi digwydd. Mewn gwirionedd, roedd Rolland wedi mynd yn syth i'w boced i chwilio am y cerdyn coch, gan ei fod e'n siŵr o'r hyn a welsai, sef bod Clerc wedi'i godi oddi ar y llawr yn y dacl a'i droi yn yr awyr cyn cael ei adael i ddisgyn o uchder, a rhan ucha'i gorff yn derbyn yr ergyd.

Yn Llyfr Deddfau'r Bwrdd Rygbi Rhyngwladol, mae honno'n drosedd sy'n haeddu'r cerdyn coch.

Doedd dal dim sôn am ailchwarae ar y sgrin o'n blaenau ni, a phan ddaeth y llun damniol, be welwn i ond Sam Warburton yn eistedd wrth ochr y cae a'r geiriau 'SENT OFF' fel 'WELSH NOT' o dan ei enw ar y sgrin.

Wrth gwrs, dyna yw dyletswydd dyfarnwr, sef dyfarnu yn ôl yr hyn a welodd. Doedd dim rhaid i

Y dacl

Y cerdyn coch na welodd neb ond Warburton a'r ffotograffydd

Rolland ystyried a oedd malais ym mwriad y taclwr ai peidio. Mewn gwirionedd, byddai'r dacl gan Warburton ar Clerc wedi bod yn dacl berffaith, tase fe ond wedi gollwng yr asgellwr i'r llawr yn ofalus rhag i hwnnw gael niwed, a cherdyn melyn fyddai'r peth gwaethaf y gallasai ei dderbyn.

Fe sugnodd y cerdyn coch yr egni o'r dorf, ac fe aeth y gêm yn fflat.

Cafwyd glaw trwm yn union cyn y gêm ar Eden Park, a'r ddau dîm yn cael trafferth i reoli'r bêl, cyn i anaf i Adam Jones ei orfodi i adael y cae'n gynnar. Cododd James Hook obeithion Cymru gyda gôl gosb ardderchog o'r ystlys, cyn methu gyda dwy haws o lawer, un ohonyn nhw o ddeugain llath pan lithrodd e wrth gymryd y gic. Am unwaith roedd ailchwarae Sky o'r digwyddiad yn ardderchog. Roedd Hook yn dechrau yn absenoldeb Rhys Priestland, a anafodd ei ysgwydd yn erbyn Iwerddon wythnos diwethaf, a gêm Hook mewn gwrthgyferbyniad llwyr ag un Morgan Parra, maswr rhan-amser Ffrainc. Llwyddodd hwnnw i gadw'i ben a throsi tair gôl gosb i ennill y gêm i'r Ffrancwyr.

Bu'n rhaid i Gymru newid y tactegau a hwythau i lawr i bedwar dyn ar ddeg, ond roedd Hook yn methu â'u rhoi mewn safleoedd i ymosod gyda'i gicio o'r dwylo. Roedd y gêm yno i'w hennill o hyd, serch hynny, pan anfonodd Gatland Stephen Jones ymlaen fel eilydd i Hook ar ddechrau'r ail hanner.

Roedd ffitrwydd Cymru yn amlwg unwaith eto,

Dau o wythwyr gorau'r byd, Imanol Harinordoquy a Toby Faletau

Cais Mike Phillips a gynigiodd obaith!

gyda'r Ffrancwyr yn fwy na hapus i gicio'r bêl i lawr y cae neu i amddiffyn pan fyddai raid. Roedd y Cymry hwythau yn cicio am safle, gyda Jamie Roberts weithiau'n dod i mewn i dalcen y sgrym i ddal y pwysau. Cafodd ymdrech ddiflino'r Cymry, yn awr tan gapteniaeth y prop Gethin Jenkins, ei gwobrwyo gyda chais i Mike Phillips, sydd wedi ennill bywyd o'r newydd yn y Bencampwriaeth hon. Mae nifer o'r gwybodusion yn gytûn bod Bayonne wedi cael bargen wrth sicrhau cyn-fewnwr y Gweilch.

Cymerodd Phillips afael o'r gêm chwarter awr i mewn i'r ail hanner ac, wedi ymgyrch neu ddwy gan y blaenwyr i osod llwyfan, dyma Phillips ei hunan yn canfod bwlch ac yn croesi'n llydan am unig gais y gêm. Roedd dros ugain munud o'r gêm ar ôl o hyd pan darodd ymgais Stephen Jones am drosiad y postyn uchel. Daeth cyfle am gôl adlam wedyn i Jones mewn sefyllfa addawol ond methu wnaeth e. Tase yna gwthwm o wynt neu awel o rywle wedi hebrwng ymgais Leigh Halfpenny o hanner ffordd lathen ymhellach gyda phum munud i fynd, a tase Phillips wedi croesi yn nes at y pyst, we pwy a ŵyr?

Er gwaethaf un ymdrech fawr arwrol a aeth â'r bêl trwy saith cymal ar hugain o chwarae, methiant fu'r ymgais i gael un sgôr arall. Ar y chwiban olaf, disgynnodd chwaraewyr Cymru ar eu gliniau, wedi llwyr ymlâdd.

Y siom!

Chwalwyd y freuddwyd. Ond doedd dim amser i bendroni am yr hyn a allai fod; rhaid rhuthro yn syth i lawr i'r stafell gyfweld.

Cefais gyfweliadau ag Alun Wyn Jones, Gethin Jenkins a Shane Williams, y tri'n gwbwl hunanfeddiannol ac yn sôn fel y gellid bod wedi ennill y gêm hyd yn oed â dim ond pedwar dyn ar ddeg. Ond roedd y tri'n gefnogol i'w capten.

Cyfweliad wedyn ag wythwr Ffrainc, Imanol Harinordoquy, chwaraewr y mae gen i dipyn o feddwl ohono. Dyma'i gyfarch wrth ei enw a gofyn y cwestiwn cynta iddo, 'Imanol Harinordoquy...,' gan gynhyrchu'r 'r' Ffrengig o ddyfnderoedd fy ngwddw yn hytrach nag o flaen y geg.

'Thank you,' medde fe a gwên siriol ar ei wyneb.

'Sorry?' meddwn i.

'You have pronounced my name correctly,' medde fe wedyn, a'r wên yn lledaenu.

Dyna gydnabyddiaeth eto bod dangos cwrteisi yn talu'i ffordd. Fe glywais rywun yn ei alw'n 'Harry-donkey' a 'Harry-ordinary' cyn hyn. Ond does dim byd yn gyffredin yn Imanol. Mae e'n sefyll dros werthoedd gorau diwylliant Gwlad y Basg. Ac roedd yr wythwr rhyngwladol yn cydnabod y byddai'n rhaid iddo fe a'i gydwladwyr chwarae tipyn yn well os am drechu pwy bynnag yn y rownd derfynol.

Yn y cyfamser, roedd Warren Gatland yn y gynhadledd i'r wasg yn sôn bod y cerdyn coch i Sam Warburton wedi difetha'r gêm, a hefyd wedi penderfynu tynged y gêm. Do, mae'n lled debyg, ond roedd y gêm yno i'w hennill 'run fath hyd at y chwiban olaf, ac mae'r sgôr terfynol o 9 i 8 i'r Ffrancwyr yn tanlinellu hynny. Unwaith eto, roedd methu ciciau, yn anffodus, wedi costio'n ddrud.

Wrth feddwl am y gêm honno yn erbyn Fiji pan dynnwyd Sam Warburton oddi ar y cae yn fwriadol yn y munudau olaf, mae rhywun yn gorfod amau trefn rhagluniaeth weithiau. Roedd y car yn llwythog a thawel o dan gydymdeimlad wrth inni ddychwelyd i Kohimarama heno.

Dydd Sul, Hydref 16eg

Fe gododd yr haul y bore yma eto 'run fath, a galwad ffôn yn fy neffro o'm hunllef. Rwy'n dyfalu'n unig taw Peter 'PJ' Montgomery, cyflwynydd rhaglen boblogaidd *Sportsworld* ar rwydwaith Newstalk ZB a Radio Sport Seland Newydd bob bore Sul, oedd yno. Gadawaf neges iddo anfon rhif i mi ar neges destun fel y gallaf ei ffonio'n ôl gan fod fy ffôn symudol yn gwrthod dweud pwy sy'n galw ers iddo fynd yn farw a finne ar hanner cyfweliad arall ganol yr wythnos.

'Looked everywhere for you last night!' medde fe, ac af ati i gasglu fy meddyliau ar gyfer cyfweliad byw mewn chwarter awr.

'So tell me, Wyn, what has been the reaction in Wales, and to the doctoring of referee Alain Rolland's Wikipedia page? His full name, Alain Colm Pierre Rolland, has been changed to "Alain Colm Pierre 'bit of a knob' Rolland".'

Doeddwn i ddim yn disgwyl y cwestiwn yna, ac rwy'n llyncu poeri cyn ymateb, yn ymwybodol o'r cyfrifoldeb gan fod y cyfweliad yn cael ei ddarlledu ar draws Seland Newydd. Rown i'n gwbwl hapus i gefnogi penderfyniad Rolland ar sail y rheol, ac yn gresynu bod rhywrai wedi gweld yn dda i herwgipio'i fanylion ar y we.

Yn naturiol, mi amddiffynnes gymeriad Sam Warburton. Mae'n hawdd bwrw bai ar y dyfarnwr am sbwylio gêm rownd gynderfynol cystadleuaeth rygbi, y fwya sy'n bod, a thra 'mod i'n berwi y tu mewn ar y pryd ac yn emosiynol hefyd, fe wyddwn i y gallai ac efallai y dylai Cymru fod wedi cael y canlyniad roedden nhw'n ei ddymuno.

Roedd y Bwrdd Rygbi Rhyngwladol heddi yn gloi iawn i atgoffa'r wasg o'r ddeddf yn ymwneud â thaclo peryglus ac yn tanlinellu'r ffaith iddyn nhw atgoffa rheolwyr y tîmau unwaith eto o'r ddeddf honno yn y dyddiau a'r wythnosau cyn y Bencampwriaeth.

Wedi dweud hynny, yn gynharach yn y gystadleuaeth cafodd Dominiko Waqaniburotu o Fiji ei enwi am dacl debyg ar y cefnwr Pat Lambie wedi'r gêm yn erbyn De Affrica. Fe ddaeth dau lumanwr i mewn i ymyrryd, a'r argymhelliad oedd cic gosb yn unig. Yn ddiweddarach, cafodd Waqaniburotu waharddiad o dair wythnos. Rwy'n chwilio am y dacl honno ar y wefan ac yn gweld nad oedd hi ddim gwaeth na thacl Sam Warburton. Doedd hi ddim gwell chwaith!

Dyma Paddy O'Brien, rheolwr y dyfarnwyr, yn datgan bod penderfyniad Alain Rolland i anfon Sam Warburton oddi ar y cae yn gyson â chyfarwyddyd y Bwrdd Rygbi Rhyngwladol i ddyfarnwyr a dyfarnwyr cynorthwyol mewn perthynas â thaclo peryglus.

Falle fod hynny'n gywir, ond doedd ei benderfyniad ddim yn gyson â phenderfyniad Romain Poite, a ddyfarnodd gic gosb yn unig i Dde Affrica ar air y dyfarnwr cynorthwyol, Vinny Munro o Seland Newydd, gyda George Clancy y dyfarnwr arall yn cydsynio. Dyma, gyda llaw, y ddau swyddog a ddyfarnodd nad

aeth cic James Hook yn y gêm yn erbyn De Affrica rhwng y pyst. Mewn dau ddigwyddiad arall tebyg yng Nghwpan y Byd, cerdyn melyn yn unig a ddangoswyd i'r taclwr.

Wnaeth y ddadl honno ddim dal dŵr, hyd yn oed os crybwyllwyd hynny yn y gwrandawiad disgyblu, ac fe dderbyniodd Sam Warburton waharddiad o chwe wythnos wedi'i ostwng i dair wythnos ar ôl ystyried ei gymeriad a'r ffaith ei bod hi'n edifar ganddo. Fe ddaeth y ddedfryd, mae'n debyg, wedi'i theipio a'i hatgynhyrchu o fewn munud a hanner i'r gwrandawiad ddod i ben, yn ôl ffynhonnell ddibynadwy.

Petasai Alain Rolland wedi ymgynghori â'i ddyfarnwyr cynorthwyol a delio â'r sefyllfa yn unol â'r cynsail a osodwyd gan ei gyd-ddyfarnwyr yn y Bencampwriaeth, yna fe allai'r mater fod wedi'i ystyried wedyn gan y comisiynydd enwi. Ond os oedd Rolland yn glir ei feddwl, fel mae'n amlwg ei fod e, yna doedd dim rheidrwydd arno i ymgynghori.

Does dim amheuaeth bod penderfyniad Rolland wedi newid cwrs y gêm a gwneud y dasg yn anoddach i Gymru, ond yn y diwedd, methiant i gymryd cyfleoedd oedd y rheswm dros golli ac o ganlyniad rhaid fydd cystadlu yn erbyn Awstralia am y fedal efydd – ta beth yw gwerth honno – nos Wener.

Dyma ymateb Robin McBryde, hyfforddwr blaenwyr Cymru:

'Teimlad o siom, wrth gwrs, ond hefyd teimlad o beth allasai fod. Roedd y freuddwyd yn fyw tan chwiban olaf y gêm a dweud y gwir. Cawson ni ddigon o gyfleoedd i ennill y gêm. Dw i'n gwybod mai'r penderfyniad fydd yn denu y sylw, ond rhaid cofio bod y tîm wedi dangos cymeriad, wedi dal ati'n dda iawn, ac yn y diwedd, efallai mai ni oedd ar fai am golli'r gêm.

'Dw i'n hapus iawn efo'r perfformiad a'r ymdrech – allai neb fod wedi gofyn iddyn nhw wneud mwy – ac efo ychydig bach mwy o gywirdeb mi fydden ni wedi llwyddo. Felly yndi, mae hi'n siom, a 'dan ni am orfod cymryd rhan mewn gêm does ar neb eisiau bod yn rhan ohoni nos Wener nesaf.

'Roedd hi'n amlwg bod gan Ffrainc gynllun, a doedd hwnnw ddim yn cynnwys dod allan i chwarae rygbi o gwbl. Ond wnaethon ni ddim cymryd y cyfleoedd oedd ar gael i ni, a dyna pam 'dan ni ddim wedi ennill.'

Roedd Seland Newydd yn drech nag Awstralia o 20 i 6 yn y gêm gynderfynol arall ar Eden Park heno, ac felly maen nhw wedi cyrraedd y rownd derfynol am y tro cynta er 1995.

Er gwaethaf yr holl sylw i anaf Richie McCaw y capten, a hynny'n dilyn yr anaf gwaeth i Dan Carter, dyma, heb os, berfformiad gorau Seland Newydd yn y gystadleuaeth. Bu i amddiffyn ymosodol y Crysau Duon gario'r dydd, gydag unig gais y gêm yn dod i'r canolwr Ma'a Nonu wedi gwaith da gan y cefnwr Israel Dagg.

Rwy'n gwylio'r gêm mewn bwyty yn Saint Heliers i lawr y ffordd o'r llety, ac yn rhyfeddu at ymateb cefnogwyr Seland Newydd i'r digwyddiadau ar y sgrîn, ond erbyn meddwl dy'n nhw ddim gwaeth na ni'r Cymry ar ein gwaethaf pan fyddwn ni'n chwarae Lloegr. Mae'r sylwadau mwyaf crafog ac enllibus wedi'u cyfeirio at Quade Cooper, maswr Awstralia, a fu'n ddigon anffodus i gael ei eni yn Seland Newydd.

Allai Awstralia ddim dygymod â phŵer y Crysau Duon, a hwnnw'n ddidostur ar brydiau. Maen nhw nawr yn edrych yn dîm cyflawn, ac am y rheswm hwnnw mi ddylsen nhw ennill Cwpan y Byd yn hawdd nos Sul nesaf.

'Pedair blynedd arall!' yw cri'r cefnogwyr – cyfeiriad at union eiriau coeglyd George Gregan, mewnwr Awstralia, pan drechodd ei dîm e y Crysau Duon i gyrraedd rownd derfynol Cwpan y Byd yn 2003. Dyw'r Kiwis, yn fwy na'r Cymry, mae'n ymddangos, byth yn anghofio!

Maen nhw'n dal i edliw y ffaith i Seland Newydd golli'r gêm yn erbyn Cymru yng Nghaerdydd nôl ym 1905 pan lusgwyd Bob Deans yn ôl i dir y chwarae (yn ôl y sôn) ar ôl iddo sgorio cais. Tase fe wedi rhyddhau'r bêl fase 'na ddim problem! Gwrthododd John Dallas o'r Alban, y dyfarnwr y diwrnod hwnnw, leisio barn ar y digwyddiad gydol ei oes, ond mae'n debyg iddo ddatgan yn ei ewyllys, a ddarllenwyd wedi'i farw, na wnaeth Deans sgorio.

Dydd Llun, Hydref 17eg

Rwy'n meddwl am ddigwyddiadau nos Sadwrn yn y gawod y bore 'ma. Tybed a yw pêl yn gwyro o chwith yn hemisffer y De, fel mae'r dŵr yn ei wneud wrth ddiflannu i lawr y plwg? Sut arall mae egluro llwybr anwadal y bêl yng Nghwpan y Byd eleni, yn enwedig o giciau chwaraewyr hemisffer y Gogledd, mae'n ymddangos? Mae Jonny Wilkinson yn dawel ar y mater; mae ei record e'n siomedig iawn. Ond cofiwch ei fod e'n cael ei noddi gan wneuthurwyr y bêl!

A nawr y busnes taclo peryglus yma. Os taw iechyd a diogelwch yw'r ystyriaeth bennaf, pam caniatáu codi yn y leiniau pan fo'r un perygl i glo pedair stôn ar bymtheg a dwy fetr a mwy o daldra ddisgyn yn lletchwith o uchder wrth gystadlu am y bêl, a gwneud niwed, parhaol falle, iddo fe'i hunan?

Mae gyrru chwaraewr yn fwriadol, â'i ben yn gynta, i mewn i'r llawr yn haeddu'r cerdyn coch. Y cymal priodol yn y Llyfr Deddfau yw hwnnw o dan Ddeddf 10.4 sy'n datgan bod 'codi chwaraewr oddi ar y tir, a'i ollwng neu ei yrru i mewn i'r tir, tra bo traed y chwaraewr hwnnw'n dal oddi ar y tir, fel bo pen neu ran uchaf corff y chwaraewr yn dod i wrthdaro gyda'r tir, yn cael ei ystyried yn chwarae peryglus'.

Yn achos Sam Warburton, y cymal perthnasol yw hwnnw sy'n datgan 'bod chwaraewr a godwyd yn cael ei ollwng i'r tir o uchder heb unrhyw ystyriaeth o ddiogelwch y chwaraewr hwnnw yn drosedd sy'n haeddu'r cerdyn coch'.

Cafodd y polisi ei bwysleisio wrth swyddogion y timau mewn seminar i reolwyr timau yn Auckland bythefnos cyn dechrau Cwpan Rygbi'r Byd, ac eto yn ystod y gystadleuaeth, a bu nifer o achosion eraill o'r dacl waywffon neu'r dacl 'tin dros ben' yn ystod y gystadleuaeth. Sam Warburton oedd y cynta i weld y cerdyn coch, serch hynny.

Cafodd pedwar chwaraewr eu henwi yn dilyn gêmau am daclo'n beryglus, tin dros ben, gan dderbyn gwaharddiadau rhwng tair a chwe wythnos o hyd. Cafodd dau chwaraewr gerdyn melyn ond Sam Warburton oedd y cynta a'r unig chwaraewr i dderbyn y cerdyn coch am dacl beryglus.

Eironi'r sefyllfa, wrth gwrs, yw fod Alain Rolland nawr wedi colli'r cyfle i ddyfarnu ei ail rownd derfynol yng Nghwpan y Byd. Craig Joubert o Dde Affrica sydd wedi'i benodi gyda Rolland a Nigel Owens, sydd ill dau wedi dangos cerdyn coch yn ystod y gystadleuaeth, yn rhedeg y lein.

O'r diwedd, mae Gwyneth a finne'n llwyddo i dderbyn gwahoddiad fy hen gyfaill Willie Lose i ginio. Mae Willie'n ddarlledwr ac yn sylwebydd sy'n hoff o rai o bleserau gorau bywyd, ac mae e a fi wedi mwynhau sawl orig gyda'n gilydd yn Las Vegas, Hong Kong, Dubai a mannau eraill yn rhoi'r byd yn ei le dros lased o win a phryd da o fwyd. Pan ddaeth e i Gaerdydd rhyw dair blynedd yn ôl fe es i ag e i gael blas o beint y Brains Dark yn y City Arms; doeddwn i ddim yn meddwl ei fod e'n barod eto am beint o'r SA, sy'n

cael ei adnabod gan y gwybodusion fel 'Skull Attack'! A nawr dyma fi ar garreg ei ddrws wedi mwynhau pryd o fwyd yn ei hoff fwyty ynte a'i bartner Jaynie, sef yr Industry Zen, un stryd o'r harbwr, a'r bwyty Japaneaidd gorau yn Auckland – ac, mae'n lled debyg, mewn unrhyw fan yr ochr yma i Tokyo. Diolch Willie. Dw i'n credu taw fi gafodd y fargen orau!

Roedd hi'n noson hwyr arall i Russell a Cerith a'r criw wrth iddyn nhw greu rhaglen hanner awr ychwanegol i S4C. Roedd y pwyslais, wrth gwrs, wedi newid ers digwyddiadau nos Sadwrn a'r cerdyn coch i Sam Warburton. Fe geisiwyd cael Nigel Owens, neu Paddy O'Brien, rheolwr dyfarnwyr yr IRB, i egluro'r ddeddf – a dim mwy na hynny – ar gyfer y rhaglen. Rhaid oedd mynd drwy'r sianeli priodol ond, er gwaetha tair galwad ffôn a neges destun yn ystod y dydd, a chael cydnabyddiaeth gan y Bwrdd Rygbi Rhyngwladol y byddai hynny'n syniad da, methiant fu'r ymgais.

Fe wyddwn i nad oedd Nigel Owens yn Auckland ac na fyddai'n ymarferol bosib iddo fe gyfrannu, ond yna dyna weld Paddy O'Brien, oriau'n ddiweddarach, ar raglen fyw *This is Your Life* i Zinzan Brooke. Roedd honno'n cael ei darlledu'n fyw o lan y dŵr yn Auckland, llai na dau gan llath o'r man lle buon ni'n gwneud darnau i gamera ar y pwnc rai oriau cyn hynny.

Mae'n dal yn werth darllen y *New Zealand Herald* bob bore Llun, gan ei fod yn crynhoi digwyddiadau Cwpan y Byd yn ystod yr wythnos flaenorol gyda thafod yn y boch, ac yn ddwfn yn y boch hefyd ar adege! A'r uchafbwyntiau i'w newyddiadurwyr nhw o'r wythnos diwethaf oedd:

- Jamie Roberts, ddydd Iau diwethaf, yn cael ei gornelu gan giwed o newyddiadurwyr, ac wrth i'r camerâu fflachio dyma fe'n troi i ateb y cwestiynau yn Gymraeg.

- Llongyfarchiadau calonnog i Alain Rolland am gymryd y pwysau oddi ar Bryce Lawrence, a wnaeth yn ei dro gymryd y pwysau oddi ar Nigel Owens (y tri wedi cythruddo rhyw garfan o gefnogwyr neu'i gilydd yn ystod y gystadleuaeth yn ôl yr *Herald*): Lawrence y Springboks am y modd y gwnaeth e ddyfarnu'r gêm rhwng De Affrica ac Awstralia, Owens y Samoaid am ddangos y cerdyn coch i'w cefnwr Paul Williams, a Rolland – wel, trwch poblogaeth Cymru siŵr o fod!

- Cais yr wythnos oedd hwnnw i Mike Phillips yn erbyn Ffrainc.
- Mike Phillips yn ogystal â Jamie Roberts, Luke Charteris a Toby Faletau yn cael eu dewis yn nhîm yr wythnos

Dydd Mawrth, Hydref 18fed

Heddi mae Warren Gatland yn cyhoeddi ei dîm ar gyfer y gêm am y fedal efydd yn erbyn Awstralia. Does dim syndod clywed ei fod yn cyhoeddi ei dîm cryfaf posib oherwydd, ar ôl i Gymru greu cymaint o argraff ar y gystadleuaeth yn gynnar, a gwneud llu o ffrindiau yn y broses, byddai rhoi llai na'i dîm cryfaf ar y cae yn arwydd o wendid ac yn dangos diffyg parch i'r cefnogwyr. Mae Gatland a sawl un arall wedi sôn am y teimlad gwag o fewn y garfan ers nos Sadwrn. Bydd gêm nos Wener yn gyfle, felly, i ddangos taw'r tîm gorau gollodd nos Sadwrn diwethaf a bod y gystadleuaeth wedi colli cyfle i weld y ddau dîm gorau yn y Bencampwriaeth yn mynd benben â'i gilydd yn y rownd derfynol.

Mae Toby Faletau yn dechrau unwaith eto ond yn symud i'r ochr agored yn y rheng ôl gyda Ryan Jones yn dod i mewn i safle'r wythwr. Paul James sy'n dechrau ar y pen tyn yn dilyn yr anaf i Adam Jones yn erbyn Ffrainc, gyda Bradley Davies yn lle Alun Wyn Jones yn yr ail reng. Faletau yw'r unig chwaraewr fydd wedi dechrau pob gêm i Gymru yng Nghwpan y Byd 'leni, ac mae'n derbyn clod gan newyddiadurwyr Seland Newydd heddi am gymryd at ei ddyletswyddau e'i hunan a hefyd at rai Sam Warburton wedi i'w gapten weld y cerdyn coch nos Sadwrn. Mae'r *New Zealand Herald* yn sôn am Faletau fel 'cawr wrth amddiffyn a bron bob tro'n croesi'r llinell fantais pan fo'r bêl yn ei ddwylo. Os gall e gadw'n glir o anafiadau mi all e ddatblygu'n un o'r blaenwyr mwyaf dylanwadol dros y ddegawd nesaf,' yw eu proffwydoliaeth.

Gethin Jenkins fydd yn arwain Cymru nos Wener, ac mae yna gyfle arall i James Hook. Mae Gatland yn cydnabod na chafodd Hook, fwy na Stephen Jones, ei gêm orau yn erbyn Ffrainc. 'Mi fyddan nhw'n siomedig â'u perfformiadau,' oedd ei union eiriau, 'ond mae hynny wedyn yn dangos pa mor dda mae Rhys Priestland wedi chwarae yn y Bencampwriaeth.'

Pwy fuasai wedi meddwl, bron i ddeufis ynghynt, pan ddechreuodd Rhys Priestland yn ddigon nerfus yn safle'r maswr yn erbyn Lloegr yn Twickenham, y bydden ni'n siarad amdano erbyn hyn yn ddewis cynta fel maswr dros Gymru? Does dim dwywaith ei fod yn haeddu'r sylw, a'i fod e yno i aros. Ond gobeithio bod ei ysgwyddau'n ddigon llydan – does gen i ddim amheuaeth eu bod nhw – oherwydd mae gwisgo crys rhif 10 Cymru yn cario tipyn o gyfrifoldeb, yn gallu bod yn fendith ac yn felltith, yn denu mwy o sylw gan y wasg pan nad oes gyda nhw rywbeth gwell i ysgrifennu amdano, ac yn hollti barn cefnogwyr yn fwy na'r un safle arall ar y cae.

Hyd yma mae Gatland wedi dewis ei eiriau'n ofalus, hyd yn oed yn sgil penderfyniad Alain Rolland i ddangos y cerdyn coch i Sam Warburton nos Sadwrn. Eto i gyd, bues i'n crafu pen tipyn ar ôl ei glywed yn sôn heddi ei fod e a'r tîm rheoli wedi bod yn ystyried twyllo a ffugio bod un o'r ddau brop arall, ar ôl ymadawiad cynnar Adam Jones, wedi cael anaf er mwyn sicrhau na fyddai cystadlu yn y sgrymiau. Roedd y gynhadledd i'r wasg drosodd i bob pwrpas, ond gwyliwch y cwestiwn olaf bob amser!

'Dw i'n credu bod Alain wedi gwneud y penderfyniad anghywir. Caiff y dyfarnwyr eu dewis i Gwpan y Byd am mai nhw yw'r goreuon ac y byddan nhw'n gwneud y penderfyniadau mwya cywir. Fe rodda i esiampl o beth ddigwyddodd wedyn. Gan ein bod ni eisoes wedi colli Adam Jones, fe wnaethon ni'r hyfforddwyr drafod ffugio bod un o'n props ni wedi cael ei anafu gan sicrhau na fyddai cystadlu yn y sgrymiau. Ond, yn foesol, penderfynes i na fyddai gwneud hynny'n iawn. Gallasen ni'n hawdd fod wedi gwneud hynny yn y 25–30 munud cynta ond wrth ystyried ysbryd y gêm ac ysbryd rownd gynderfynol Cwpan y Byd, down i ddim yn credu y byddai hynny'n deg nac yn gywir.'

Beth yn union oedd ar feddwl Gatland? Ai awgrymu oedd e eu bod nhw fel tîm rheoli wedi gwneud y penderfyniad cywir, ar ôl cymryd amser i ystyried, a thase Rolland wedi cymryd amser i ystyried ei gam nesaf, yn ysbryd y gêm, ac o ystyried natur y gêm, gan

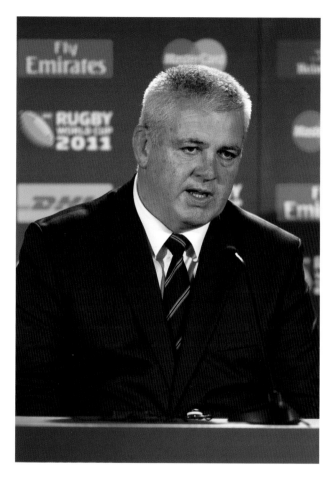

ei bod hi'n gêm yn rownd gynderfynol Cwpan y Byd, yna falle na fydde fe wedi rhuthro i'w boced?

Fe glywais i bregethwyr yn sôn am y fath ddatganiad fel *illustration*. Rhoi'r pwysau yn ôl ar Rolland roedd Gatland, dw i'n credu, ac yn ei ffordd ei hunan ceisio dod â'r dyfarnwr yn ôl i mewn i'r ddadl unwaith eto. Fe allech chi weld Roger Lewis, Prif Weithredwr Grŵp Undeb Rygbi Cymru, yn llyncu ei boer ond gan ddal i geisio cynnal gwên ar ei wyneb ar yr un pryd. Fe wnaeth Gatland f'atgoffa i o'r diwrnod hwnnw pan es i gyda 'Nhad i gyfarfod pregethu a darganfod amser cinio bod y wraig groesawus a ddarparodd lety i ni y penwythnos hwnnw wedi taenu halen yn hytrach na siwgr ar y darten afalau. Fe edrychon ni ar ein gilydd, ond heb yngan yr un gair, nes y diflannodd y darten!

Dydd Mercher, Hydref 19eg

Cyfle olaf i ymlacio heddi cyn paratoi ar gyfer dwy gêm fawr y penwythnos. Mae Delyth Morgan wedi trefnu i'r criw fynd draw i Ynys Waiheke, sydd yn meddu ar hinsawdd 'chydig yn gynhesach nag arfordir Auckland, gyda'r addewid o fynd i flasu peth o gynnyrch gwinllanoedd gorau'r ynys. Mae'n daith tri chwarter awr ar y fferi ac yna rhyw chwarter awr ar y bws cyn belled â Charlie Farley's am ginio. Y Gymraes, Helen 'Pyllau', a'i gŵr Luke sydd yn berchen ar y bar a'r bwyty a hwnnw'n edrych mas dros Fae Onetangi. Cafodd Helen ei geni yn Seland Newydd ond fe dreuliodd ei hieuenctid yng Nghymru ar fferm Pyllau Gloywion yn Nyffryn Conwy. Mae hithe nawr yn gweld eironi yn y ffaith ei bod hi wedi setlo yn Waiheke, gan mai ystyr y gair yn llythrennol yw 'dyfroedd gwylltion'.

'Fush and chups' i bawb yw hi, felly, cyn i ni ei throi hi am y bws a mynd am ein dewis cynta o'r gwinllanoedd. Falle i ni fethu â llawn werthfawrogi gwinoedd Cabernet Merlot a Pinot Noir gwinllan Te Motu ar ôl i ni gael ein dal mewn cawod o law ar y lôn yn arwain at y gwindy. Pawb, hynny yw, ond un o'n plith, y Monwysyn a welodd ei gyfle am lifft wedi iddo lusgo y tu ôl i'r gweddill ohonon ni i ddwyn mwgyn slei. Diawl digywilydd yw'r Gareth Roberts 'na!

Ond maddeuwyd y cyfan iddo erbyn i ni gyrraedd gwinllan Goldie rhyw awr yn ddiweddarach. Roedd pawb mewn hwyliau da erbyn hynny, a chawson ni yn fan'no gyfle i flasu hanner dwsin o winoedd am ddeg doler, sef rhyw bumpunt yn ein harian ni, oedd yn swnio'n fargen rhy dda, hyd yn oed i Gardi o dras, i'w gwrthod. Chardonnay a Sauvignon Blanc oedd yr arlwy, neu 'Sav' i'r rhai ohonon ni sy wedi bod yn Seland Newydd am chwe wythnos erbyn hyn. Tra bod rhywun yn rhyw ddisgwyl am lond gwiniadur teiliwr o win, rhyw ddogn cymundeb eglwysig a gafwyd, gyda darlith am nodweddion neithdar y duwiau yn y rhan yma o'r byd.

Y diwrnod yn dod i ben gyda noson o gwmpas bwrdd Rhian Madamrygbi. Roedd yr actores Eirlys Bellin wedi mynnu ei bod hi'n paratoi swper i ni i gyd yn ei llety hunanddarpar hi i fyny'r ffordd: holl griw S4C, sef Russell a Cerith, Gwyn Jones, Gareth Roberts, Mark Dennis, Gruff a Diego, Gwyneth a finne, a'i chriw hithe sef Gwyn Derfel y cynhyrchydd cydwybodol a'r gŵr camera Richard Fisher, ynghyd â Jonny a Ruth Morris, a'u merched Elin, Cary a Meg, yn

Y ddau Gwyn yn wyn eu byd

mwynhau pryd o fwyd ardderchog o gwmpas y bwrdd. Daw Jonny'n wreiddiol o ardal Pontsenni ym Mhowys ond mae'n byw ac yn gweithio yn Auckland ers pedair blynedd bellach a fe fu'n gwneud yr holl drefniadau llety i ni, a mwy, yn Seland Newydd. Mae'n beth amheuthun i griw teledu ddod i ben taith mor hir â hon heb yr un gair croes ond dyna fel y buodd hi, a heb os roedd trefniadau Jonny a'i barodrwydd e, Ruth a'r teulu i agor eu drysau wedi hwyluso'n gwaith ni'n fawr iawn. Diolch Jonny.

Wrth wneud y siwrnai mewn tacsi ar draws Auckland a chroesi'r bont i ardal y North Shore i swper gyda Steve a Pru neithiwr, dyma feddwl pa mor ffodus y bu Aaron Cruden, maswr ifanc y Crysau Duon. Roedd Cruden, bythefnos yn ôl, ar ei fwrdd sglefrio ac yn breuddwydio am wyliau yn Disneyland pan gafodd e'r alwad, yn dilyn yr anaf i Dan Carter,

Gareth Roberts heb fod mor siŵr

Steve Jamieson gyda fi a 'ngwraig Gwyneth ar Eden Park

a dyma fe nawr yn nhir ei freuddwydion ac am ddechrau yn rownd derfynol Cwpan y Byd. Pam meddwl amdano fe ar y funud honno? Yn syml, am fod Cruden, dair blynedd yn ôl, wedi gorchfygu cansyr yn bedair ar bymtheg oed ac mai'r aflwydd hwnnw wnaeth gymryd bywyd Juke, mab dwy ar bymtheg oed Steve a Pru, yr oedden ni am ymuno â nhw i swper.

Doeddwn i erioed wedi cyfarfod â Pru ond mae'r berthynas rhwng Steve Jamieson a finne'n mynd yn ôl yn agos at ddegawd erbyn hyn, a ninne ar y gylchdaith Saith Bob Ochr gyda'n gilydd a Steve yn gyfarwyddwr teledu gyda'r gorau y gwn i amdano yn ei faes. Ond rhyw dair blynedd yn ôl fe drawyd ei fab, Juke, gan gansyr dieflig yn un ar bymtheg oed ac fe droes y gobaith yn anobaith pan fu farw ym mis Gorffennaf y flwyddyn ganlynol.

Roedd Steve wedi gwahodd nifer o ffrindiau o fyd y gylchdaith Saith Bob Ochr i swper gan ein bod ni i gyd yn Auckland dros gyfnod Cwpan y Byd: Gwyneth a fi, Keith Quinn, Willie Lose a Jaynie, Stu Dennison, Greg Clark, prif sylwebydd rygbi gyda rhwydwaith teledu Fox yn Awstralia, Max Heddy o gwmni rhyngwladol IMG yn Llundain, a roesai gyfle i mi, flynyddoedd yn ôl, a Seb Lauzier o'r Bwrdd Rygbi Rhyngwladol a'i wraig Katy.

Roedd Steve wrth ei fodd yn ein croesawu ac, yn ddigon naturiol, roedd llawer o luniau ar y muriau o'r teulu ac o Juke – rhai yn union fel roedd e yn ei lesgedd. Sylwais ar nifer o luniau ynghyd â darnau seramig o'r *pukeko* hwnt ac yma. Aderyn lliwgar yw'r *pukeko* a droes yn symbol o'i afiechyd i Juke, ei deulu ac i ddioddefwyr eraill. Yn ystod ei gyfnodau yn yr ysbyty ac fel rhan o'i therapi gofynnwyd i Juke dynnu llun i adlewyrchu sut roedd e'n gweld ei gansyr. Fe dynnodd Juke lun o'r *pukeko*, aderyn cyfarwydd iawn i drigolion Seland Newydd, bythefnos cyn ei farw, ond roedd *pukeko* Juke yn cario gwaywffon ac yn poeri tân. Mae'r llun yn symbol o'i frwydr yn erbyn ei afiechyd, ac mae i'w weld bellach ym

mynedfa ward newydd i blant â chansyr mewn ysbyty yn Auckland.

'Have you seen it yet?' meddai Steve wrth Gwyneth a finne. 'We call it the Juke box.'

Yno ar y bwrdd o'n blaenau ni, yng nghanol bwndel o bapurau, roedd blwch gwyn na allai fod yn fwy na rhyw naw modfedd wrth chwech a rhyw chwech eto mewn dyfnder falle, a llun o'r *pukeko* lliwgar ar ei glawr. Roeddwn i'n amau 'mod i'n gwybod beth oedd cynnwys y Juke box, ac roeddwn i'n iawn – gweddillion daearol Juke.

Dyma Steve yn egluro iddo fe a Pru drafod dymuniadau olaf Juke gydag e ac iddo ynte fynegi nad oedd e am fod ar ei ben ei hun wedi ei ddyddiau ar y ddaear yma. A dyma nhw'n cytuno, rhyngddyn nhw, felly taw corfflosgi fyddai'r drefn, a phan ddeuai'r dydd y byddai Steve neu Pru yn anadlu eu hanadl olaf yna fe gâi gweddillion Juke eu claddu gyda nhw.

Fe wyddwn i nad oedd Steve yn arddel unrhyw gred na ffydd arbennig, ac ar y foment honno roedd yr esboniad yn swnio'r peth mwyaf ymarferol mewn bod. Rhoddai hynny rhyw dawelwch meddwl i'r ddau ohonyn nhw mae'n amlwg, ac roedd rhyw awyrgylch dangnefeddus yn bodoli o fewn y cartre, gyda gwaith cartre olaf Juke yn dal ar lawr ei stafell wely, a adawyd, am nawr ta beth, yn union fel ag yr oedd hi. Mae Steve yn gwybod y bydd yn rhaid iddo symud 'mlaen rhyw ddiwrnod, ac roedd ein cael ni i gyd yno neithiwr yn gam tuag at y diwrnod hwnnw.

Dydd Iau, Hydref 20fed

Mae'r Bwrdd Rygbi Rhyngwladol am ymchwilio ymhellach i awgrym Warren Gatland iddo ystyried gofyn i un o'r ddau brop ar y cae ffugio anaf wedi i Alain Rolland ddangos y cerdyn coch i Sam Warburton am dacl beryglus yn y gêm yn erbyn Ffrainc nos Sadwrn. Mi fyddai hynny wedi helpu Cymru gan mai pedwar dyn ar ddeg oedd 'da nhw ar y cae ac am fod Paul James wedi dod ymlaen yn gynnar yn lle Adam Jones. Doedd yna'r un prop arall wrth gefn gan Gymru ac mi fyddai anaf i James neu Gethin Jenkins wedi golygu na fyddai cystadleuaeth yn y sgrymiau am weddill y gêm, gan negyddu unrhyw fantais fyddai gan y Ffrancwyr mewn elfen o'r gêm maen nhw mor gryf ynddi.

Roedd Roger Lewis, Prif Weithredwr Undeb Rygbi Cymru, yn mynnu y dylid llongyfarch Gatland, yn yr oes broffesiynol hon, am beidio â dilyn trywydd ei feddyliau, a'i fod e i'w ganmol am fynegi ei farn yn onest. Ie, o'r gore!

'Fe wyddwn i y gallai hynny fod yn opsiwn,' meddai Lewis, ynghyd â phob copa walltog, ac ambell un heb wallt ar ei gorun hefyd, yn y pwyntiau sylwebu ac ar hyd meinciau'r newyddiadurwyr. 'Ond roedd e'n opsiwn na chawsai ei ystyried gan fod rownd gynderfynol Cwpan y Byd mor bwysig; mae'n rhaid i ni chwarae'r gêm yn onest.'

Mae chwarae ar eiriau yn gêm hefyd, ac yn y pen draw mynnu bod Cymru yn sefyll ar y tir moesol uchel yr oedd Gatland, a'u bod wedi glynu wrth 'ysbryd y gêm'. Fe holodd unwaith eto, yn ei ffordd ddihafal ei hunan, mae'n wir – ac ar ôl aros am ei gyfle, does dim dwywaith gen i – a oedd Alain Rolland, ac yn sgil hynny y Bwrdd Rygbi Rhyngwladol, wedi gweithredu yn yr un modd. Dw i'n ofni fod gweithred Rolland wrth chwifio'r cerdyn coch o flaen Sam Warburton fel y gwnaeth e mor sydyn, yn gam neu'n gymwys, yn mynd i ddylanwadu'n drwm ar y gêm yn dilyn hyn. Does yna ddim man canol yn y rheol, mae'n amlwg, sy'n caniatáu ystyriaeth o gyfraniad y dyn sy'n cario'r bêl i mewn i'r dacl.

Mae heddi'n ddiwrnod i leisio barn, mae'n amlwg. Dyma Nick Farr-Jones, cyn-fewnwr Awstralia a gododd Gwpan y Byd yn Twickenham ym 1991, yn mynegi ei farn am werth y gêm i ennill y fedal efydd nos yfory. Hon yw'r gêm am y trydydd safle yn y gystadleuaeth rhwng Cymru ac Awstralia, a gollodd yn y rowndiau terfynol ym 1987 – profiad sy'n cael ei gymharu â chusanu eich chwaer, gan nad oes neb yn cael ei ddigoni!

Gêm ddi-ddim yw hi ym marn Farr-Jones, a chwaraeodd yn y gêm yn Rotorua ym 1987 pan gollodd Awstralia yn erbyn Cymru o 22 i 21, diolch i drosiad Paul Thorburn o bell.

Doedd De Affrica ddim yn y gystadleuaeth honno yng nghyfnod yr apartheid. Rwy'n cofio i mi fod yng nghwmni'r diweddar Dewi Bebb yn aelod o'r tîm darlledu yng Nghwpan y Byd ym 1991, a Dewi yn gweld bachan cyn y gêm yng Nghaeredin yn gwisgo crys-T â'r slogan 'Allwch chi ddim galw'ch hunain yn Bencampwyr Byd nes y byddwch chi wedi trechu'r Springboks'. Cefnogwr selog oedd y dyn a dim mwy na hynny. Dyma Dewi, y cyn-asgellwr rhyngwladol a chwaraeodd dros y Llewod yn Ne Affrica, yn mynd draw ato ac yn cadarnhau wrtho fod y neges ar ei grys yn datgan gwirionedd mawr, a dyma sgwrs ddifyr yn datblygu rhwng y ddau. Dyna fawredd Dewi, y cydweithiwr diymhongar, asgellwr dawnus ac arwr bore oes i mi, ond a gollwyd yn llawer yn rhy gynnar.

Mae Shane Williams, asgellwr rhyngwladol a Llew arall, yn edrych ymlaen at y gêm nos yfory – ei gêm olaf mewn Cwpan y Byd, os nad ar y llwyfan rhyngwladol yn gyfan gwbwl:

'Roedd yn rhaid i ni bigo'n hunain i fyny unwaith eto yn ystod yr wythnos. Roedden ni'n gwybod y byddai un gêm arall 'da ni, ac mae hon am fod yn un anodd yn erbyn Awstralia. Mae'r bechgyn eisiau mynd mas ddydd Gwener… a dod adre yn drydydd.

'Maen nhw'n dîm sy'n medru chwarae'n arbennig ar eu dydd, ni'n gwybod hynny… Ni'n mynd adre ddydd Sadwrn, felly bydde hi'n neis ennill y gêm ac wedyn gweld y teulu ddydd Sul. Mae hi wedi bod yn daith hir, ond dy'n ni ddim wedi gorffen eto ac mae lot mwy o rygbi i ddod oddi wrthon ni.

'Mae Warren wedi gofyn nawr a fyswn i'n chwarae ymhen mis yn erbyn Awstralia – y tro ola. Felly dw i'n dal i feddwl am hynny. Liciwn i orffen gartre, bydde hynny'n neis. Ond cawn weld – jest meddwl am y gêm nos Wener gynta!'

Dydd Gwener, Hydref 21ain

Cymru 18–21 Awstralia

Wedi ymgyrch wnaeth addo cymaint wrth i ni ddechrau gyda'r golled o bwynt yn unig yn erbyn pencampwyr y byd, De Affrica, ar benwythnos agoriadol y Bencampwriaeth, daw siom arall ar y penwythnos olaf wrth i Gymru orfod bodloni ar y pedwerydd safle. Daeth cais a gôl adlam i Berrick Barnes ac wyth pwynt oddi ar droed yr asgellwr ifanc James O'Connor yn tyngedu Cymru i'r pedwerydd safle, er i Shane Williams ymestyn ei record ryfeddol o geisiau i 57 yn ei gêm olaf ond un ar y llwyfan rhyngwladol.

Heb bwysau rownd derfynol y Cwpan arnyn nhw, roedd gobaith y byddai Cymru ac Awstralia yn teimlo y gallen nhw chwarae gyda'r rhyddid dilyffethair hwnnw sy'n nodweddu'r ddau dîm ar eu gorau. Ond gêm oedd hon oedd yn brin o awyrgylch ac yn llawn camgymeriadau, er i gais Leigh Halfpenny, un o'r goreuon yn y Bencampwriaeth, dair munud dros y deugain ar ddiwedd y gêm ein hatgoffa unwaith eto o ddyfalbarhad y Cymry hyd at y chwiban olaf.

Roedd Warren Gatland, serch y golled, yn datgan bod Cymru wedi ennill cryn dipyn o hunan-barch yn ystod y Bencampwriaeth mewn gwlad lle nad yw hynny'n dasg hawdd. Roedd yna gyfle heno i Gymru ffarwelio â'r gystadleuaeth ar nodyn gorfoleddus, ac er i Stephen Jones drosi cais Halfpenny i gau'r bwlch i dri phwynt erbyn y chwiban olaf, edifarhau am y ciciau a fethwyd, gan iddyn nhw gostio'n ddrud i Gymru yn y Bencampwriaeth, yr oedd yr hyfforddwr. Mae Cymru nawr yn edrych yn ôl ar y ffaith iddyn nhw golli tair gêm yng Nghwpan y Byd o gyfanswm o bum pwynt (16–17, 8–9 a 18–21) a'u bod wedi methu saith gôl gosb, dau drosiad a thair gôl adlam.

Bu'n rhaid i Gymru ddechrau'r gêm heb dri o'u chwaraewyr mwyaf dylanwadol, y prop Adam Jones, y maswr Rhys Priestland ac, wrth gwrs, y capten ysbrydoledig Sam Warburton. Heb os, roedd y cerdyn coch a ddangoswyd i Warburton yn y rownd gynderfynol yn dal i fwrw'i gysgod dros y gêm hon, ond wedi dweud hynny mae Cymru wedi dangos i'r byd yn ystod y chwe wythnos ddiwethaf fod gyda ni un o'r timau mwya cyffrous yn y gêm. Wrth inni adael, mae'r byd rygbi'n grwn yn gofyn be fydden nhw wedi'i gyflawni pe na bai'r capten wedi derbyn y cerdyn coch.

Be wnawn ni hebddo?

George North yn colli gwaed dros ei wlad

Dydd Sadwrn, Hydref 22ain

Mae'r papurau heddi'n gofyn a all tîm ennill Cwpan y Byd heb faswr profiadol a chydnabyddedig. Digon teg. Wedi'r cyfan, y farn gyffredinol yw taw maswr sy'n ennill gêmau, gyda'i gicio tactegol, a'r gallu i gicio at y pyst yn ogystal. Doedd Aaron Cruden, a fydd yn dechrau yn safle'r maswr nos yfory i Seland Newydd, ddim yn y garfan yn wreiddiol ond yn dilyn anafiadau i'r lledrithiol Dan Carter a'r llai lledrithiol Colin Slade dyma fe nawr o fewn pedair awr ar hugain i gêm fwya'i yrfa. Dyfarnwyd Cruden yn Chwaraewr Ifanc y Flwyddyn ddwy flynedd yn ôl wedi iddo arwain Seland Newydd i Bencampwriaeth Iau y Byd, a bu Morgan Parra wedyn yn flaenllaw pan gododd Ffrainc yr un bencampwriaeth, ond o dan 21 bryd hynny, yn 2006, ac yn safle'r mewnwr.

Ymhob un o'r papurau mae cyflwr troed Richie McCaw, capten y Crysau Duon, yn cymryd blaenoriaeth ac yn bwysicach o lawer nag oblygiadau polisïau trethiannol y Blaid Genedlaethol sy'n llywodraethu Seland Newydd am fis arall hyd at yr etholiad cyffredinol. Mae casglu gwybodaeth fel hyn yn bwysig i sylwebydd er mwyn cael y darlun cefndirol cyflawn. Mae 'chydig mwy i swydd sylwebydd na bod yno ar ddiwrnod gêm a siarad am awr a hanner ar yr hyn y mae e'n ei weld o'i flaen, a dyw hynny wastad ddim yn cael ei werthfawrogi.

Fel tase'r Ffrancwyr yn synhwyro nad oes hawl gyda nhw i fod yn y rownd derfynol a bod y byd rygbi yn eu herbyn, dyma Jo Maso, rheolwr tîm Ffrainc, yn cyhoeddi ddoe y byddai Ffrainc yn gwisgo crysau a throwsusau gwynion yn y rownd derfynol. Er i'r geiniog ddisgyn o blaid Maso, fe ildiodd e'r hawl i Ffrainc wisgo'u dillad glas tywyll arferol, sy'n rhy agos at 'ddu' tîm Seland Newydd. Glas tywyll yn ymylu ar fod yn ddu-las fu lliw crysau Ffrainc yn y gystadleuaeth hyd yma, a bu Maso yn ddiplomyddol iawn yn caniatáu i'r tîm cartre wisgo eu du traddodiadol. Ond oni fyddai gorfodi Seland Newydd i wisgo'r gwyn dieithr wedi bod yn ergyd seicolegol fanteisiol, yn arbennig o gofio taw crysau llwyd oedd gan y Duon pan gollon nhw i'r Ffrancwyr yn rownd wyth olaf Cwpan y Byd yng Nghaerdydd yn 2007? 'I ni, mae hyn yn arwydd o barch ac yn fodd i ni ddiolch i bobol Seland Newydd am Gwpan y Byd bythgofiadwy,' medd Maso. O'r gore!

Ar lannau'r Seine, fodd bynnag, dy'n nhw ddim mor hyderus y gall gwyleidd-dra helpu achos eu cydwladwyr ym mhen draw'r byd. Yn dilyn y goten a gafodd eu tîm gan Seland Newydd yn y gêmau grŵp fe aeth nifer ar eu gliniau i Sant Jude, nawddsant yr ymgyrchoedd colledig! Dw i ddim mor argyhoeddedig, o ystyried taw Jwdas yw Jude yn y Gymraeg.

Pan aeth pethau'n chwithig ar y Ffrancwyr yn erbyn Tonga wedyn, fe aeth y ffyddloniaid ar drywydd y Santes Rita am achubiaeth. Hi, gyda llaw, yw nawddsantes ymgyrchoedd neu achosion amhosib!

'Gwrandewch ar ein hymbiliadau a dangoswch eich bod chi yn ein cynrychioli wrth draed yr Hollalluog,' oedd y gri. Chwarae teg i Jwdas a Rita, oedd yn digwydd bod yn gwrando o'u preswylfeydd sanctaidd mae'n rhaid, neu eu bod wedi tiwnio i mewn i SKY NZ, achos trwy ryw ryfedd wyrth fe grafodd y Ffrancwyr drwy rownd yr wyth olaf a'r rownd gynderfynol i'r ffeinal nos yfory.

Ac os oes yna gartre ysbrydol i'r gêm hirgron yna rhaid taw capel bach Our Lady of Rugby ym mhentre Larrivière-Saint-Savin, 80km i'r de-orllewin o Bordeaux yn Ffrainc, yw hwnnw, yn ôl newyddiadurwraig o Baris sy'n cael ei dyfynnu yn y *New Zealand Herald* y bore 'ma.

Mae yno ffenest liw lle mae'r Forwyn Fair yn edrych i lawr yn wynfydedig ar sgrym wrth ei thraed, a ffenest arall yn dangos y baban Iesu yn paratoi i daflu pêl i mewn i lein, a phob un chwaraewr yn y lein yn gwisgo crys o liwiau gwahanol, er mwyn dangos bod rygbi yn gyfrwng i ddod â dynion, o bob lliw a chred, at ei gilydd.

Beth tybed fyddai hanes rygbi yng Nghymru petasai'r hen Curnow Vosper wedi cael yr un weledigaeth, ac y bydden ni wedi gweld Siân Owen, Ty'n y Fawnog, yr eicon Cymreig, mewn crys dyfarnwr yn hytrach na siôl, a chwiban yn ei cheg yn hytrach na het galed ar ei phen, yn cadw trefn ar y sgrym yn Salem? Ddylen ni, falle, droi Soar y Mynydd yn gyrchfan ysbrydol i'r gêm genedlaethol?

Dydd Sul, Hydref 23ain

A ddeuai 'Les mis' yn 'Les joie' oedd y cwestiwn y bore yma, ac roedd dod o hyd i ateb i'r cwestiwn hwnnw yn dal i 'mhoeni i wrth imi gyrraedd Eden Park yn gynnar heno ar gyfer y rownd derfynol. Am y tro cynta mewn ugain mlynedd o sylwebu roedd Gwyneth wrth fy ymyl

Delyth yng nghanol y bois

Gwyneth a finne yn y ffeinal

Sam yn aelod o dîm S4C

i yn y pwynt sylwebu i fwynhau'r achlysur. Rwy'n siglo llaw â Gwyn Jones fy nghyd-sylwebydd – dw i ddim yn siŵr pam, ond roedd e'n teimlo fel y peth iawn i'w wneud a ninne wedi rhannu gorfoledd a siom i Gymru tros y pythefnos diwethaf.

Ffrainc 7–8 Seland Newydd

'Aux armes, citoyens, formez vos bataillons!' Mae geiriau'r 'La Marseillaise' yn anfon ysgryd lawr 'y nghefen i bob tro y clywa i anthem genedlaethol Ffrainc yn cael ei chanu, a doedd heno ddim yn eithriad. Ac yna, a hyd yn oed cyn y gic gynta, dyna'n union wnaeth y Ffrancwyr, sef clymu breichiau a ffurfio 'bataliwn' ar ffurf saeth, y naill ochr a'r llall i'w capten, Thierry Dusautoir, a'i hanelu yn ffigurol ac yn gorfforol tuag at haka y Crysau Duon wrth fartsio'n araf dros y llinell hanner i mewn i dir neb. Dyma ffordd dawel y Ffrancwyr o dderbyn her yr haka. Roedd y dorf wrth eu boddau. A dw i'n meddwl i mi ddweud yn fy sylwebaeth, os yw'r Crysau Duon yn meddwl bod y Ffrancwyr am orwedd ar eu cefnau a gadael iddyn nhw gosi eu boliau, yna gwell iddyn nhw ailfeddwl. Roedd y weithred honno yng ngŵydd y byd yn weithred theatrig ddramatig, ac fe osododd y cyweirnod ar gyfer y gêm ei hunan.

Roedd yna rhyw gyffyrddiad o'r macabre i'r noson am fod mwyafrif helaeth y dorf o dros drigain mil yn gwisgo du, fel petaen nhw'n gefnlen i'r Phantom of the Opera. A ddeuai'r ellyll yn chwarae'r Ffrancwyr i'r golwg i gipio Cwpan Webb Ellis o dan drwynau'r Duon?

Roedd hi'n amlwg bod y Ffrancwyr o ddifri wrth iddyn nhw ymestyn amddiffyn ffefrynnau'r dorf o'r chwiban gynta. Yna, wedi i Tony Woodcock, prop y Crysau Duon, groesi am gais wedi chwarter awr, fe ddaliodd y Ffrancwyr ati i ledu'r bêl a defnyddio'r math o chwarae ffwrdd-â-hi sydd wedi nodweddu eu dull o chwarae ar hyd y blynyddoedd. Gadawodd Morgan Parra'r cae yn simsan wedi i'w ben ddod i wrthdrawiad â phen-glin Richie McCaw, a gadawodd Aaron Cruden gydag anaf i'w ben-glin cyn yr egwyl gan ildio'i le i Stephen Donald.

Donald yw pedwerydd dewis y Duon fel maswr, ac wrthi'n pysgota am sildod mân oedd e pan ddaeth yr alwad gan Graham Henry gwta bythefnos yn ôl. Daeth ei awr fawr chwe munud i mewn i'r ail hanner gyda gôl gosb lwyddiannus, er ei fod dan bwysau, i ymestyn mantais y gwŷr mewn du i wyth pwynt. Ond yna fe darodd Ffrainc yn ôl yn syth wrth i'w capten, Thierry Dusautoir, groesi'r gwyngalch a François Trinh-Duc yn trosi. Dyma dîm, bythefnos yn ôl, oedd yn methu cytuno â'u hyfforddwr ai nos neu ddydd oedd hi, a hwythe nawr o fewn golwg i ennill y wobr fwya ym myd rygbi. Ond er trio'u gorau glas am bron i hanner awr, methiant fu eu hymgais i

Cais cynnar i Tony Woodcock

Fel saeth at galon yr *haka*

Stephen Donald a'i lygad ar y Cwpan

117

Pencampwyr y byd

ddod â Trinh-Duc yn ddigon agos at y pyst am gôl adlam neu gôl gosb. Cododd ochenaid o ryddhad pan gafodd y Crysau Duon eu dwylo ar y bêl ddwy funud cyn y diwedd ac fe ddalion nhw'u gafael arni fel tase dyfodol y wlad yn dibynnu ar hynny hyd at y chwiban olaf, pan drodd y stadiwm o drigain mil yn dîm o bedair miliwn.

Roedd yna ddathlu, wrth gwrs, ar strydoedd Auckland ac ar draws Seland Newydd, a rhyw orfoledd tawel falle o wybod taw cael a chael oedd hi. Alla i ddim yn fy myw â gwarafun y fuddugoliaeth iddyn nhw, yng ngoleuni trychinebau Greymouth a Christchurch yn ddiweddar, a nawr y llongddrylliad sy'n chwydu olew ar draethau hyfryd Tauranga.

Dydd Llun, Hydref 24ain

'We knocked the bastard off.' Ymateb rhyfedd i lwyddiant y Crysau Duon neithiwr, ond dyna'r pennawd papur newydd oedd yn sgrechen ata i'r bore yma. Doeddwn i ddim yn synnu rhyw lawer i weld y fath iaith yn cael ei defnyddio gan newyddiadurwr oherwydd mae'r Kiwis wastad yn dweud pethe'n blwmp ac yn blaen ac yn disgrifio pethe mewn ffordd syml, ddiamwys, yn union fel y maen nhw'n gweld y byd. Wedi'r cyfan, 'shed' maen nhw'n galw'r stafelloedd newid hyd yn oed mewn stadia gorwych megis Eden Park a Stadiwm y Mileniwm, a 'paddock' am y cae ei hunan. Dyw hi ddim yn ddieithr chwaith i weld y gair 'bugger' yn cael ei ddefnyddio yn gyson mewn erthyglau papur newydd, hyd yn oed mewn penawdau. Heddi eto, gwelaf '10 good buggers' a '10 bad buggers' wrth fwrw golwg yn ôl dros y gystadleuaeth. Ystyr digon diniwed sydd i'r gair mewn termau newyddiadurol, gyda rhaglen newyddion TV3 yn caniatáu disgrifiad o Colin Meads a'i frawd Stan fel 'two good buggers', ond alla i ddim yn 'y myw â dychmygu penawdau tebyg yn ymddangos yn y *Western Mail* na chwaith yn *Y Cymro* wrth sôn am 'feirdd a chantorion, enwogion o fri' na hyd yn oed arwyr y maes chwarae!

Ond 'nôl at y pennawd unwaith eto. Dyna pryd y gwawriodd hi arna i 'mod i wedi clywed y geiriau o'r blaen yn rhywle. Gyda help Google, fe ges i f'atgoffa taw dyma'r union eiriau a ynganwyd gan Syr Edmund Hillary ar ôl iddo sefyll ar gopa mynydd Everset ym 1953, y person cynta i gyflawni'r orchest honno. Kiwi oedd Hillary, wrth gwrs, a nawr roedd y pennawd yn gwneud synnwyr i fi fel roedd e'r bore yma, mae'n siŵr, i dros bedair miliwn o drigolion Seland Newydd. Geiriau gorchestol i gydnabod gorchest arall gan y capten Richie McCaw, Graham Henry a'r gweddill wrth iddyn nhw y bore yma sefyll ar ben y byd. Bu'r ymdrech a ddaeth â Chwpan y Byd yn ôl i Seland Newydd am y tro cynta mewn pedair blynedd ar hugain yn dipyn o fynydd i'w ddringo. Ar ôl baglu o fewn golwg i'r copa bob pedair blynedd er 1987, dyma Grysau Duon Seland Newydd unwaith eto ar ben y byd, ac yn haeddiannol felly, achos nhw, heb os, fu'r tîm gorau yn y byd yn ystod y ddwy flynedd ddiwethaf.

Fe drefnwyd dyddiad rownd derfynol Cwpan y Byd yn 2011 i gyd-redeg â Labour Day, sef diwrnod y gweithwyr yn Seland Newydd. Oedden nhw'n hyderus y bydden nhw'n dathlu neu beth? Wel, ennill neu golli, byddai angen diwrnod bant ar bobol Seland Newydd.

A be fyddai gêm fawr heb bwnc llosg? Mae fy hen ffrind Keith Quinn yn y newyddion; fe'n sicr iddo weld rhywun yn geingio (sef tynnu bys neu fysedd ar draws soced llygad chwaraewr) y capten Richie McCaw dair munud cyn y diwedd yn y rownd derfynol, a honno'n weithred fwriadol. (Nodyn i fi fy hunan: rhaid ailymweld â'r term 'geingio' am 'eye gouging' rywbryd eto.)

Welais i mo'r digwyddiad hwnnw'n glir. A ddaw

rhywbeth ohono tybed? Go brin, yn enwedig ar ôl gweld yr ailchwarae o ben-glin Richie McCaw yn dod i wrthdrawiad â chern y maswr Morgan Parra, chwaraewr mwya dylanwadol y Ffrancwyr yn erbyn Cymru. Fydd McCaw ddim am gwyno. Dylai'r digwyddiad hwnnw hefyd fod wedi dod i sylw'r comisiynydd enwi. Ond ddaw e ddim bellach. Fe ddaeth Parra yn ôl ar ei draed yn sigledig iawn ymhen tipyn, cyn gorfod gadael y cae yn gynnar, ac fe allai'r digwyddiad hwnnw fod yr un mor ddamniol â gweithred capten Cymru ar Ffrancwr arall wythnos ynghynt.

Ond petai a phetasai fuodd hi yn y gêm yma erioed ac alla i ond meddwl a breuddwydio am yr hyn a allasai fod tase Cymru wedi trechu Ffrainc yn y rownd gynderfynol. Braint oedd cael bod yn Seland Newydd a chael cydweithio gyda Derwyn, Emyr a Gwyn yn eu tro yn y pwynt sylwebu. Mae fy niolch yn fawr iddyn nhw am eu rhwyddineb a'u diffuantrwydd wrth sylwebu, ac am fynegi eu barn yn ddi-flewyn ar dafod.

Rhyw hen gêm ryfedd yw hi, ac rown i wedi bwriadu dathlu llwyddiant Cymru ar lan y môr yn Kohimarama heddi yn mwynhau potelaid o Lindauer, siampên o Seland Newydd sydd lawer gwell nag y mae ei bris yn awgrymu. Mae'r nodiadau blasu yn sôn amdano'n 'esblygu'n osgeiddig a graslon ac yn crasu yn ei gymeriad tros amser', fel ambell i sylwebydd! Mi gadwith tan 2015, sbo!

PYMTHEG WYN GRUFFYDD

Conrad Smith

Fy newis i o chwaraewyr gorau'r Bencampwriaeth…

OLWYR:

15. Israel Dagg [Seland Newydd]
Yn ddiogel o dan y bêl uchel. Ciciwr pell a chywir at yr ystlys, weithiau hyd at 60 metr. Byth yn colli cyfle i wrthymosod a chyfuno gyda'i olwyr i greu ceisiau neu i orffen symudiad ei hunan.
Ar y fainc: Kurtley Beale [Awstralia]

14. Cory Jane [Seland Newydd]
Y chwaraewr gorau o dan y bêl uchel yn y gystadleuaeth. Fe alla i faddau iddo am fod yn or-hoff o beint neu ddau o gwrw. Rhedwr cryf a wthiodd William Servat, prop cydnerth Ffrainc, ar ei ben ôl yn ddigon diseremoni.
Ar y fainc: George North [Cymru]

13. Conrad Smith [Seland Newydd]
Gyda Brian O'Driscoll, mae Smith gyda'r gorau yn ei safle. Amddiffyn cadarn ac yn gallu trefnu yr amddiffyn hefyd; yn gwybod pryd i ryddhau'r bêl ac yn gallu gwneud hynny gyda'r ddwy law. Mae e'n darllen y gêm yn dda, ac mae e'n fygythiad wrth ymosod.
Ar y fainc: Brian O'Driscoll [Iwerddon]

12. Jamie Roberts [Cymru]
Fe sy'n rhoi Cymru ar y droed flaen. Gall beri trafferthion i amddiffynfeydd a chreu cyfleoedd ar y tu fas. Er mwyn gwneud hynny, rhaid i Rhys Priestland ddechrau yn safle'r maswr.
Ar y fainc: Ma'a Nonu [Seland Newydd]

11. Vincent Clerc [Ffrainc]
Mae gan Clerc y gallu rhyfeddol hwnnw i sgorio ceisiau pan mae'n ymddangos nad yw hynny'n bosib. Twyllodrus o gyflym a wastad yn chwilio am geisiau, fel y tystia'i gyfanswm o chwech yng Nghwpan y Byd.
Ar y fainc: Shane Williams [Cymru]

10. Rhys Priestland [Cymru]
Wnaeth yr un maswr redeg yn fwy at ei wrthwynebwyr na maswr Cymru. Yn dechrau'r gystadleuaeth yn drydydd dewis i Gymru; dychwelyd adre yn ddewis cynta. Dewis naturiol y tu mewn i Jamie Roberts.
Ar y fainc: Morgan Parra [Ffrainc]

Mike Phillips

2. Bismarck du Plessis [De Affrica]
Newidiwyd cwrs y gêm yn erbyn Cymru pan ddaeth du Plessis i'r cae. Fe ddygodd e'r bêl fwy nag unwaith yn ardal y dacl a phwnio twll yn y mur amddiffynnol er mwyn i eraill ddilyn trwodd.
Ar y fainc: William Servat [Ffrainc]

3. Martin Castrogiovanni [Yr Eidal]
Sgrymiwr heb ei ail a phersonoliaeth i fynd gyda'i gorffolaeth. O'r Ariannin i'r Eidal, diolch i dad-cu o ynys Sicily. Oes angen dweud mwy?
Ar y fainc: Adam Jones [Cymru]

9. Mike Phillips [Cymru]
Corfforol. Cystadleuol. Cyson a heriol. O ddewis Rhys Priestland yn safle'r maswr roedd angen rhywun i gymryd gafael ar y gêm. Dyna wnaeth Phillips; rhoi cyfeiriad i'r tîm a chymryd y pwysau oddi ar Priestland. Ar ei orau yn erbyn Iwerddon a Ffrainc, gan wneud y penderfyniadau iawn.
Ar y fainc: Will Genia [Awstralia]

BLAENWYR:

1. Tony Woodcock [Seland Newydd]
Er fod y gêm wedi newid, sgrymio sy'n dod gynta i brop. Mae Woodcock wedi addasu ei gêm i ateb y newidiadau yn y rheolau, ac wedi sefydlu record am y nifer fwyaf o gapie erioed i brop o Seland Newydd.
Ar y fainc: Rodrigo Roncero [Ariannin]

Tony Woodcock

Bismarck du Plessis

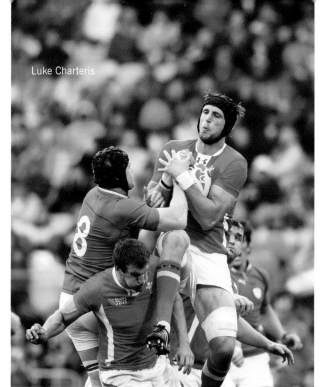

Luke Charteris

Jerome Kaino

Martin Castrogiovanni

4. Brad Thorn [Seland Newydd]

Mae angen 'mwngrel' ar bob tîm, ond nid pob tîm sy'n meddu ar un. Y clo gorau yn y Super 14 eleni, ac fe gododd ei gêm eto yn erbyn Awstralia a Ffrainc yn y rowndiau terfynol.

Ar y fainc: Lionel Nallet [Ffrainc]

5. Luke Charteris [Cymru]

Fe brofodd ei werth yn y leiniau ac yn y tir agored, a pha glo rhyngwladol arall all gymharu ag e o ran cyfri ei daclau? Dim syndod fod yna sgowtiaid yn edrych dros y ffens ar Rodney Parade.

Ar y fainc: Victor Matfield [De Affrica]

6. Jerome Kaino [Seland Newydd]

Yn gryf eithriadol wrth gario'r bêl ac yn ddinistriol yn y dacl. Gallai Seland Newydd ddibynnu arno i ennill tir ac fe wellodd e wrth i'r gystadleuaeth fynd yn ei blaen.

Ar y fainc: Thierry Dusautoir [Ffrainc]

7. Sam Warburton [Cymru]

Y capten ieuengaf yng Nghwpan y Byd, ond mae gydag e hen ben ar ysgwyddau ifanc. Rhedeg llinellau deallus wrth gynorthwyo ac yn gystadleuol yn ardal y dacl. Chawsom ni ddim gweld Warburton yn erbyn McCaw oherwydd y cerdyn coch ond dw i'n hyderus taw Warburton fyddai wedi ennill yr ornest honno.

Ar y fainc: Richie McCaw [Seland Newydd]

Imanol Harinordoquy

8. Imanol Harinordoquy [Ffrainc]

Chwaraewr ardderchog i Ffrainc yn y leiniau a'r chwarae rhydd. Fe'i cadwyd ar y fainc gan Lièvremont hyd at y rownd gynderfynol a gwelwyd natur gystadleuol yr wythwr ar ei orau yn y gêm yn erbyn Cymru ac eto yn erbyn Seland Newydd yn y rownd derfynol.

Ar y fainc: Sergio Parisse [Yr Eidal]

YSTADEGAU CWPAN Y BYD

Dyma fanylion y gêmau y ces i'r fraint o sylwebu arnyn nhw yn Seland Newydd.

Y gêm agoriadol:

SELAND NEWYDD 41–10 TONGA

EDEN PARK, AUCKLAND
9 Medi 2011

SELAND NEWYDD: I Dagg; R Kahui, M Nonu, SB Williams, I Toeava (C Jane 61); D Carter (C Slade 73), J Cowan (P Weepu 52); T Woodcock (B Franks 44), A Hore, O Franks; B Thorn (S Whitelock 55), A Williams; J Kaino, R McCaw (capt), V Vito.

Ceisiau: Dagg (2), Kahui (2), Kaino, Nonu **Trosiadau:** Carter (3), Slade **Gôl gosb:** Carter

TONGA: V Lilo; V Iongi, S Hufanga (S Fisilau 74), A Ma'ilei, S Piutau; K Morath, T Moa; S Tonga'uiha (A Taumalolo 50), A Lutui (E Taukafa 40), T Filise (K Pulu 52); P Hehea, J Ti'neau; S Kalamafoni, F Maka (capt, S Vahafolau 53), V Ma'afu.

Cais: Taumalolo **Trosiad:** Morath **Gôl gosb:** Morath

Dyfarnwr: George Clancy (Iwerddon)

Gêmau grŵp Cymru:

CYMRU 16– 17 DE AFFRICA

STADIWM WELLINGTON, WELLINGTON
11 Medi 2011

CYMRU: J Hook; G North, J Davies, J Roberts, Shane Williams; R Priestland, M Phillips; P James, H Bennett, A Jones; L Charteris, A W Jones (B Davies 66); D Lydiate, S Warburton, T Faletau.

Eilyddion: L Burns, R Bevington, A Powell, T Knoyle, Scott Williams, L Halfpenny.

Cais: Faletau **Trosiad:** Hook **Goliau cosb:** Hook (3)

DE AFFRICA: F Steyn; JP Pietersen, J Fourie, P De Villiers (B James 24), B Habana (Hougaard 61); M Steyn, F du Preez; T Mtawarira (G Steenkamp 55), J Smit (B du Plessis 57), J du Plessis; P Rossouw, V Matfield (J Muller 44); H Brussow, S Burger, P Spies (W Alberts 57).

Eilydd: C J Van der Linde.

Ceisiau: F Steyn, Hougaard **Trosiadau:** M Steyn (2) **Gôl gosb:** M Steyn

Dyfarnwr: Wayne Barnes (Lloegr)

CYMRU 10–17 SAMOA

STADIWM WAIKATO, HAMILTON
18 Medi 2011

CYMRU: J Hook (L Halfpenny 40); G North, J Davies, J Roberts, Shane Williams; R Priestland, M Phillips; P James (G Jenkins 62), H Bennett (L Burns 62), A Jones; L Charteris, A W Jones (B Davies 67); D Lydiate, S Warburton (Capt), T Faletau.

Eilyddion: T Knoyle, Scott Williams.

Cais: Shane Williams **Goliau cosb:** Hook (2), Priestland (2)

SAMOA: P Williams; S Tagicakibau (J So'oialo 56), G Pisi, S Mapusua (E Fuimaono-Sapolu 69), A Tuilagi; T Lavea (J Sua), K Fotuali'i; S Taulafo, M Schwalger (Capt) (T Paulo 72), A Perenise (C Johnston 69); D Leo (J Tekori 68), K Thompson; O Treviranus (M Salave'a 76), M Fa'asavalu, G Stowers.

Cais: Perenise **Trosiad:** Williams **Gôl gosb:** Williams

Dyfarnwr: Alain Rolland (Iwerddon)

CYMRU 81– 7 NAMIBIA

STADIWM TARANAKI, NEW PLYMOUTH
26 Medi 2011

CYMRU: L Byrne; L Halfpenny, J Davies, Scott Williams, A Brew
(G North 54); S Jones (R Priestland 62), T Knoyle (L Williams 57);
G Jenkins (R Bevington 61), L Burns (K Owens 61), C Mitchell;
B Davies, A W Jones; R Jones, S Warburton (Capt) (A Powell 48),
T Faletau (L Charteris 56).

Ceisiau: S Williams (3), Brew, Faletau, Jenkins, North (2), Davies,
Byrne, L Williams, A W Jones **Trosiadau:** S Jones (6), Priestland (3)
Goliau cosb: S Jones

NAMIBIA: C Botha; D Van Wyk, P Van Zyl, D De La Harpe
(D Philander 32), D Dames (T Losper 56); T Kotze, E Jantjies (R De
La Harpe 64); J Redelinghuys (R Larson 20), H Horn (B O'Callaghan
64), J Du Toit; H Koll (W Kazombiaze 64), N Esterhuyse; T Du
Plessis (R Kitshoff 71), J Burger (Capt), J Nieuwenhuis.

Cais: Koll **Trosiad:** Kotze

Dyfarnwr: Steve Walsh (Awstralia)

CYMRU 66–0 FIJI

STADIWM WAIKATO, HAMILTON
2 Hydref 2011

CYMRU: L Byrne; G North, Scott Williams, J Roberts, L Halfpenny;
R Priestland (S Jones 58), M Phillips (L Williams 58); G Jenkins,
H Bennett, A Jones (P James 58); L Charteris, B Davies (A W Jones
40); R Jones, S Warburton, T Faletau.

Eilyddion: Burns, Powell, J Davies.

Ceisiau: Roberts (2), Scott Williams, North, Warburton, Burns,
Halfpenny, L Williams, J Davies **Trosiadau:** Priestland (5), S Jones
(4) **Gôl gosb:** Priestland

FIJI: I Keresoni; A Vulivuli, R Fatiaki, G Lovobalavu, M Tagicakibau;
N Little, V Buatava; W Nailago, S Koto Vuli (V Veikoso 40),
S Somoca; L Nakarawa, W Lewaravu; R Nasiga (A Qera 61),
S Matadigo (M Ravulo 60), N Talei.

Eilyddion: C Ma'afu, N Ranuku, V Goneva, S Bai.

Dyfarnwr: Wayne Barnes (Lloegr)

Rownd yr wyth olaf:
IWERDDON 10–22 CYMRU

STADIWM WELLINGTON, WELLINGTON
9 Hydref 2011

IWERDDON: R Kearney; T Bowe, B O'Driscoll (Capt), G D'Arcy,
K Earls (A Trimble 71); R O'Gara (J Sexton 55), C Murray (E Reddan
55); C Healy, R Best, M Ross; D O'Callaghan, P O'Connell; S Ferris
(D Leamy 74), S O'Brien, J Heaslip (D Ryan 74).

Eilyddion: S Cronin, T Court.

Cais: Earls **Trosiad:** O'Gara **Gôl gosb:** O'Gara

CYMRU: L Halfpenny; G North, J Davies, J Roberts, S Williams;
R Priestland (J Hook 77), M Phillips; G Jenkins, H Bennett, A Jones;
L Charteris (B Davies 40), A W Jones; D Lydiate, S Warburton
(Capt), T Faletau.

Eilyddion: L Burns, P James, R Jones, L Williams, Scott Williams.

Ceisiau: Williams, Phillips, J Davies **Trosiadau:** Priestland (2)
Gôl gosb: Halfpenny

Dyfarnwr: Craig Joubert (De Affrica)

Y rownd gynderfynol:
CYMRU 8–9 FFRAINC

EDEN PARK, AUCKLAND
15 Hydref 2011

CYMRU: L Halfpenny; G North, J Davies, J Roberts, Shane
Williams; J Hook (S Jones 46), M Phillips; G Jenkins, H Bennett,
A Jones (P James 10); L Charteris, A W Jones (B Davies 61);
D Lydiate (R Jones 56), S Warburton (Capt), T Faletau.

Eilyddion: L Burns, L Williams, Scott Williams.

Cais: Phillips **Gôl gosb:** Hook **Cerdyn coch:** Warburton

FFRAINC: M Médard; V Clerc, A Rougerie, M Mermoz, A Palisson; M Parra, D Yachvili, J-B Poux (F Barcella 45), W Servat (D Szarzewski 45), N Mas; P Papé (J Pierre 61), L Nallet; T Dusautoir (Capt), J Bonnaire (F Ouedraogo 75), I Harinordoquy.

Eilyddion: F Trinh-Duc, J-M Doussain, C Heymans.

Goliau cosb: Parra (3)

Dyfarnwr: Alain Rolland (Iwerddon)

Gêm y trydydd safle:

CYMRU 18 – 22 AWSTRALIA

EDEN PARK, AUCKLAND
21 Hydref 2011

CYMRU: L Halfpenny; G North, J Davies (Scott Williams 69), J Roberts, Shane Williams; J Hook (S Jones, 50), M Phillips (L Williams 63); G Jenkins (Capt), H Bennett (L Burns 69), P James (R Bevington 63); L Charteris (A W Jones 52), B Davies; D Lydiate (A Powell 63), T Faletau, R Jones.

Ceisiau: Shane Williams, Halfpenny **Trosiad:** S Jones
Goliau cosb: Hook, S Jones

AWSTRALIA: K Beale (R Horne 9); J O'Connor, A Ashley-Cooper, B Barnes, D Ioane; Q Cooper (A Fainga'a 20), W Genia (L Burgess, 63); J Slipper, T Polota-Nau (S Fainga'a 53), Ma'afu (B Alexander 60); J Horwill (Capt) (R Samo 69), N Sharpe (R Simmons 45); S Higginbotham, D Pocock, B McCalman.

Ceisiau: Barnes, McCalman **Trosiad:** O'Connor
Goliau cosb: O'Connor (2) **Gôl adlam:** Barnes

Dyfarnwr: Wayne Barnes (Lloegr)

Y rownd derfynol:

FFRAINC 7–8 SELAND NEWYDD

EDEN PARK, AUCKLAND
23 Hydref 2011

FFRAINC: M Médard; V Clerc (D Traille 45), A Rougerie, M Mermoz, A Palisson; M Parra (F Trinh-Duc 22), D Yachvili (J-M Doussain 75); J-B Poux (F Barcella 65), W Servat (D Szarzewski 64), N Mas; P Papé (J Pierre 69), L Nallet; T Dusautoir (Capt), J Bonnaire, I Harinordoquy.

Eilydd: F Ouedraogo.

Cais: Dusautoir **Trosiad:** Trinh-Duc

SELAND NEWYDD: I Dagg; C Jane, C Smith, M Nonu (SB Williams 75), R Kahui; A Cruden (S Donald 33), P Weepu (A Ellis 48); T Woodcock, K Mealamu (A Hore 48), O Franks; B Thorn, S Whitelock (A Williams 48); J Kaino, R McCaw (Capt), K Read.

Eilyddion: B Franks, Thompson.

Cais: Woodcock **Gôl gosb:** Donald

Dyfarnwr: Craig Joubert (De Affrica)

Hefyd o'r Lolfa:

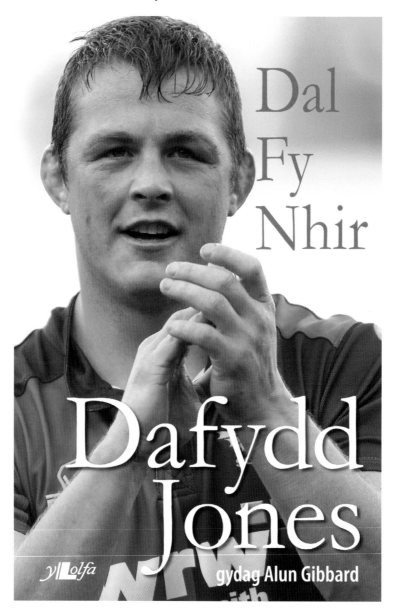

£9.95

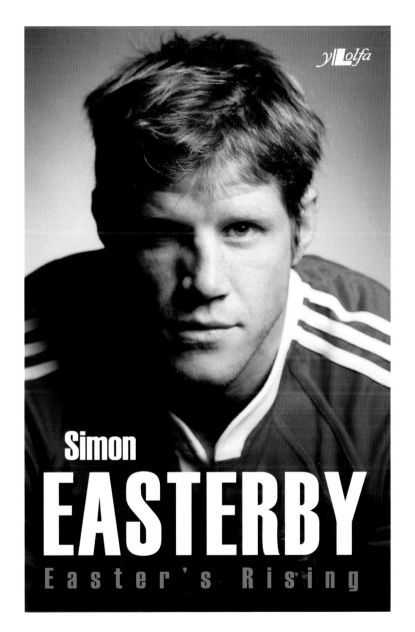

£9.95

Am restr gyflawn o lyfrau'r Lolfa, mynnwch
gopi am ddim o'n catalog
neu hwyliwch i mewn i'n gwefan

www.ylolfa.com

lle gallwch archebu llyfrau ar-lein.

TALYBONT CEREDIGION CYMRU SY24 5HE
ebost ylolfa@ylolfa.com
gwefan www.ylolfa.com
ffôn 01970 832 304
ffacs 832 782